©La vid(a)
Sandro Giulimondi
Edición: Edna Fernández
Dirección editorial: Mayra L. Ortiz Padua

ISBN: 9798334597600
TODOS LOS DERECHOS RESERVADOS
Ninguna parte de esta obra podrá ser copiada, almacenada o traspasada de forma alguna, sin el consentimiento de su autor o la editorial que le representa.

agosto 2024

Colección Crepúsculo

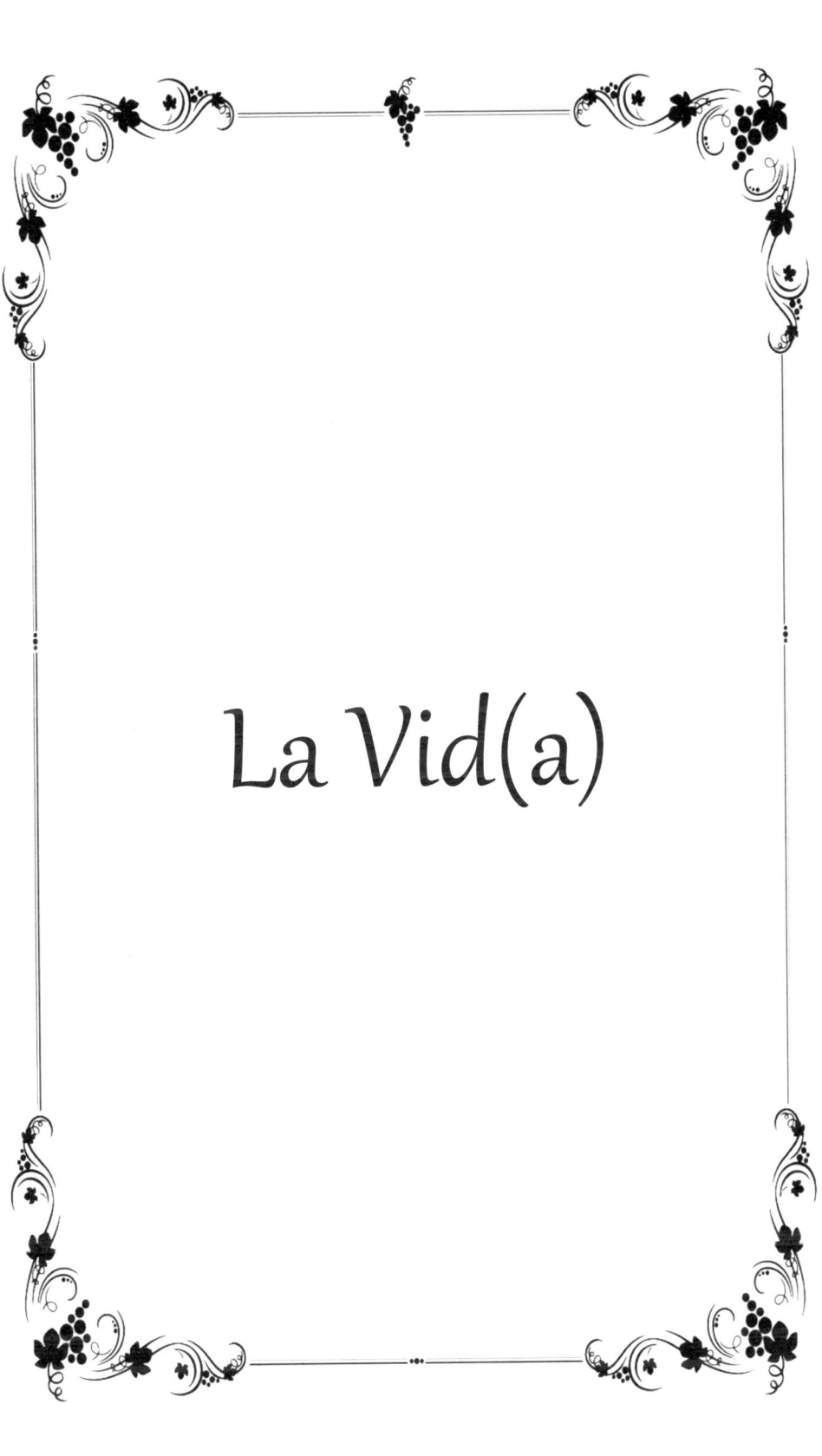

La Vid(a)

DEDICATORIA

Para mi fruto más bello, mi amada hija Alexa.

En estas pocas páginas he revivido y plasmado los momentos más importantes, las lecciones aprendidas y los sueños realizados a lo largo de mi vida.

Que este libro sea un faro de inspiración en tu camino y que la perseverancia te acompañe siempre en tu propio viaje y en tu evolución. Para que tu tronco y tus ramas se desarrollen y se preparen para dar en su momento su mejor fruto, recordándote siempre la importancia de arraigar tus sueños como las raíces de una vid, y de crecer con fuerza y belleza, incluso en los momentos más difíciles.

Con todo mi amor,
Tu padre

LA VID (A)

He pasado toda una vida estudiando el vino y la gastronomía. Le dediqué más de 30 años, más de lo que dediqué a la Arquitectura, que empezó siendo mi pasión y ahora es mi pasatiempo.

Es increíble cómo pasamos una vida entera buscando el significado de lo que nos sucede alrededor, buscando el significado del porqué de una cosa o de otra. Consumimos horas, días, meses y hasta años para tratar de explicar nuestros entornos, nuestras circunstancias; rogando por tener paciencia, y a la misma vez, por tener una oportunidad. Vivimos esperando encontrar un gancho en el ciclo que nos eleve y nos saque de la miseria donde sentimos estar. Cada uno con su peso, con su realidad. Todos, de una forma u otra, apretados como una camisa de una ... y a veces dos tallas más pequeñas.

Y como siempre pasa, la contestación a todas nuestras preguntas la tenemos aquí... exactamente frente a nosotros. Siempre estuvo aquí, solo que nunca tuvimos la paz interior necesaria para poder reconocerla. Siempre he vivido frenéticamente, como los perros que cazan trufas. Y ahora, ahora que hay calma a mi alrededor, de repente se abre el "telón" de mi mente, y entre una copa de vino y cuatro amigos riéndose a carcajadas, me percato de una conexión que nunca había notado.

¡Mi vida es como la Vid!

Me pregunto si son coincidencias o meras ilusiones, pero es tan evidente la simbiosis entre mi vida y la vida de una vid, que se me paran los pelos de solo pensarlo. Y pienso, en general, que la vida de todos y cada uno de nosotros se parece a la vid.

En este aparente juego de palabras, quién sabe si el nombre mismo de LA VID tiene algo que ver con LA VIDA misma.

Rebusco en los meandros de la internet y no encuentro una respuesta clara. Hay muchas referencias en el Nuevo Testamento donde Cristo pregunta: "¿Qué es la Vid?" Y él mismo la menciona para explicar que: "la Vid es la fuente y el sustento de la vida de las ramas; y que las ramas, deben permanecer en la vid para vivir y dar fruto". Esta definición aplica a absolutamente todas las plantas, pero utiliza este ejemplo para decir que Él es la vid.

Personalmente pienso que la vid tiene otra dimensión. Una dimensión más terrena, pero igualmente comparable a alguien, pero ¿a quién? Pues claro, ¡la vid soy yo mismo! ¡Eres tú! ¡Somos todos! ¡Todos somos plantas de vid!

La palabra vida viene del latín "vita" y de ella se deriva el verbo "vivere" que significa vivir. *Vita* es un término antiguo que tiene su raíz en una familia de palabras latinas e italianas que de forma conjunta tienen el mismo sentido de energía vital: ¡VIVIR!

La vid es una planta que forma parte de la familia de las *vitáceas*. Su nombre científico *Vitis Vinifera* procede del latín y alude al árbol del conocimiento.

Hablemos de Vid, de Uva y de Vino.

LA TIERRA Y EL MICROCLIMA

Muchas veces solemos pensar que la tierra es toda igual. Erróneamente creemos que podemos hacer crecer uvas y producir un buen vino en todos los lugares. Pero si el principal objetivo es hacer un buen vino, el suelo, por ejemplo, donde se asienta un viñedo es un factor de gran importancia. No solo constituye el elemento de nutrición de la vid, sino que también actúa como hábitat o soporte de esta.

La vid es una planta trepadora de gran rusticidad y está demostrado que puede vivir y crecer en cualquier tipo de terreno … ¡como nosotros!

Sin embargo, producir un buen vino implica obtener un tipo de uva de una calidad excelente. Para ello, las características morfológicas del suelo y del microclima que están alrededor de la planta, son dos factores de gran importancia.

Si el suelo es bien fértil, nuestras raíces se pondrán un poco vagas y no se esforzarán por excavar, buscar y obtener alimentos. Si, por el contrario, el suelo es pobre, las raíces tendrán que esforzarse mucho más y se les dificultará el bajar, buscar y llegar a donde sea posible para encontrar algo que las sustente. Pero llegarán: esa es su naturaleza, esa es su misión.

Así que el entorno es importante porque este determina la fuerza y la vigorosidad de nuestras raíces. Yo, por ejemplo, nací en Testaccio, un barrio de Roma. Hoy es considerado parte del centro histórico, pero en el 1966 era la periferia del centro de Roma.

Al otro lado de Testaccio se encuentra el famoso Quartiere Trastevere, conocido también con el nombre Rione XIII. Si viajan por Roma van a escuchar mucho esta palabra, *quartiere*. El *quartiere* es un sector de la ciudad. El término deriva de la palabra *quattro*, y se refiere a uno de los cuatro sectores que surgen dividiendo la ciudad con el *cardo* y el *decumano*, que eran las dos grandes calles que se cruzaban en el centro de la ciudad. Roma esta dividida en 35 *quartieri*, pero la zona del centro esta dividida en 22 rioni. La palabra *rione* viene de la palabra región y se utiliza solo para identificar las áreas del centro histórico de Roma.

Quartieri de Roma. El centro es la parte de los *Rioni*

Rioni de Roma.

El nombre Trastevere viene del latín *trans Tiberim*, que significa al otro lado del río Tevere. En un tiempo era un área periférica y representaba el campo, respecto a la Roma que había fundado Rómulo, pero con la expansión de la ciudad fue poco a poco integrándose y transformándose en un área de comercio y de artesanos donde vivían comunidades extranjeras. Esto dio vida a una arquitectura y un tejido urbano con sabor diferente en comparación al centro de Roma. Hoy es una tapa turística obligatoria donde es bello perderse entre los restos arquitectónicos romanos y las callecitas estrechas y tortuosas que resultaron por las construcciones medievales de mil años después.

En estas calles hay un sinnúmero de pubs, pizzerías, restaurantes, artesanos y realmente es un placer darse un paseo nocturno por ahí.

Testaccio es uno de los treinta y cinco *quartieri* de Roma y siendo parte del centro histórico de la ciudad es conocido como Rione XX.

Testaccio tiene una forma trapezoidal y está delimitado de un lado por el río, que hace como una curva y en las dos esquinas opuestas están el Monte Testaccio, conocido como el "Monte dei Cocci" y la Pirámide Cestia.

Testaccio, para el tiempo de los romanos y precisamente para la época de Augusto (63 a.C.), era un puerto de río y el Monte dei Cocci era prácticamente el vertedero del puerto.

Recuerdo ir con mi hermano Roberto, cuando se podía entrar sin ninguna restricción, y escalar esa colina de 150 pies de alto para llegar a la cruz puesta en la cima. Jugábamos y buscábamos los restos de las ánforas rotas que estaban allí. "Cocci" es una palabra dialectal de origen romanesco que en español significa "fragmentos". En esta esquina del barrio, antiguamente, se tiraban todas las ánforas rotas de los barcos que navegaban en el río y hacían parada en Testaccio. Poco a poco se hizo una montañita de fragmentos. Hoy es reconocido como un importante lugar arqueológico donde se estima descansan alrededor de cincuenta y tres millones de ánforas de terracota. ¡Allí íbamos a jugar!

El Monte dei Cocci

En la otra esquina del barrio estaba la Pirámide Cestia ¿Sabían que en Roma hay una pirámide? Se trata de una tumba romana con forma de pirámide al estilo egipcio, que fue mandada a construir por Caio Cestio entre los años 18 y 12 a.C.

Pirámide Cestia y Puerta San Paolo

Así que el barrio donde había nacido, rico con toda esta arqueología, era para mí en aquel tiempo totalmente transparente. Era un área con "casas populares", o sea, casas del gobierno que se alquilaban con renta fija a familias de escasos recursos económicos.

Este es el edificio donde está el apartamento donde crecí, en Via Giovanni Branca 77.

Estas casas realmente son edificios de apartamentos, hilvanados por cables como tendederos llenos de sábanas y camisas puestas allí al sol como banderas. Estos edificios se empezaron a construir a principios del siglo XX. De igual forma, siguieron construyéndose antes y después de la guerra civil de Italia, que terminó en el 1945. ¡Veinte años antes de que yo naciera!

Testaccio en aquella época no era el barrio "modelo" de Roma. En Testaccio había delincuentes y gitanos. Había también una parroquia que servía como punto de encuentro y refugio para todos los niños varones, con tal de que no estuvieran jugando en las calles, que en aquel tiempo eran realmente "calientes" y peligrosas. Allí pasé mis años de niño y de adolescente. Jugaba al baloncesto en una cancha de brea y rezaba durante los cinco minutos de pausa que nos otorgaba don Paolo, el párroco de la iglesia, todos los días a las tres y a las seis de la tarde. Estaba prohibido ir a ver a las muchachas de nuestra edad en la parroquia de las monjas. Las dos estructuras estaban distantes, como algunos 30 metros, pero parecían estar divididas por el mismísimo muro de Berlín.

De Testaccio difícilmente salían abogados, doctores, arquitectos o ingenieros. Allí viví por 24 años, con mis abuelos, mis padres, mi hermano y un perro, en un apartamento de dos cuartos y un baño. No había ni sala ni comedor. Se comía en la cocina, que era el único punto de encuentro.

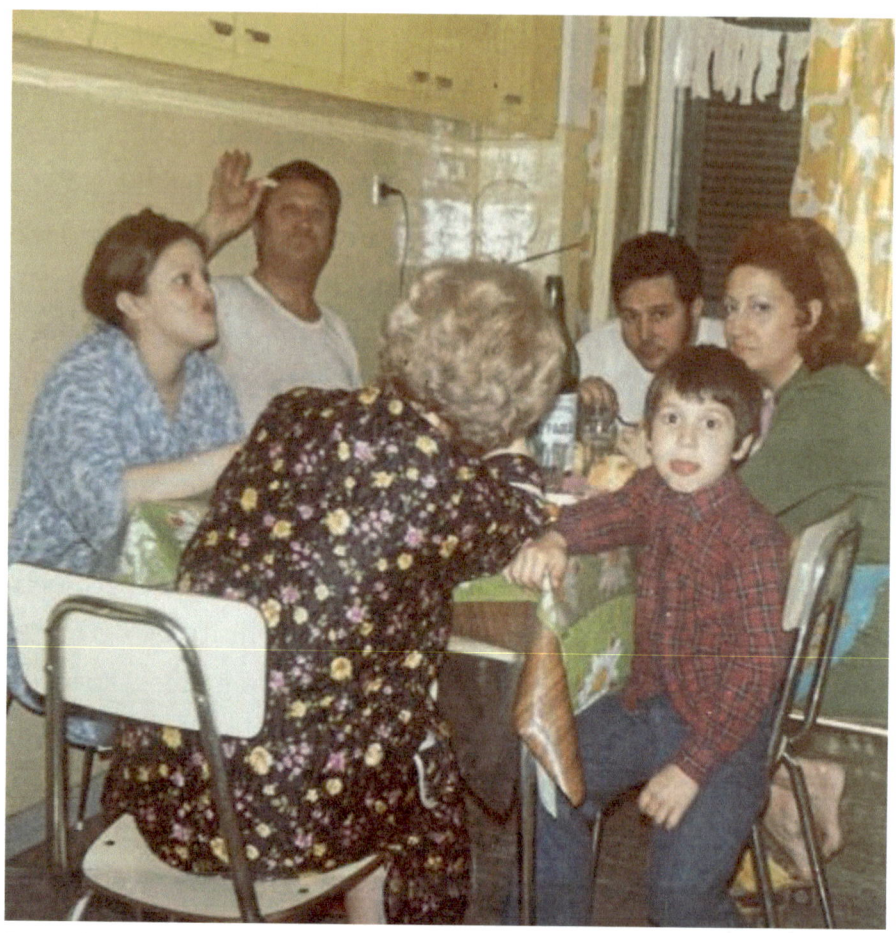

Esta es la cocina donde comíamos todos juntos. Mi papá a la cabeza de la mesa, mi mamá a su izquierda, yo, mi abuela, mi tía (que vivía en el piso de arriba y bajaba ocupando el asiento de mi hermano) y mi abuelo.

La misma cocina con los mismos gabinetes que tienen más de 65 años.

Mi papá, quien fue herrero, dividió el cuarto donde dormía con mi mamá con una sutil pared de hierro y paneles de madera. Había creado prácticamente un cuartito sin ventanas para mí y mi hermano. La puerta, una corrediza, se cerraba con un ganchito en un ojal y dividía ambos cuartos.

No era bonito, era más bien como un clóset, íntimo de noche y súper transitado de día, porque había que cruzarlo para llegar al cuarto de mi mamá.

El ancho del cuarto era de 6 pies.

Al principio, papá había construido una litera que con el tiempo sustituimos por un sofá. Cada noche se transformaba en una cama y ocupaba todo el espacio. Allí se estudiaba, se jugaba y se dormía. También se veía una pequeña televisión en blanco y negro, de esas que eran portátiles con largas antenas retractables que tenías que moverlas para buscar la señal.

Con el pasar de los años el cuartito se decoró todo alrededor con libreros flotantes, que bajaban del techo y se fijaban en las paredes. El librero más grande estaba hecho de un tubo de hierro cuadrado sobre una base de hierro fundido que desde el piso se anclaba al techo. A la izquierda y derecha de este tubo había tablillas en madera que se iban haciendo más pequeñas, a medida que se acercaban al techo. Parecía un árbol de Navidad.

Crecí sin lujos, sin espacio, sin ventanas. Sin un rincón donde poder encerrarme en los momentos de frustración, de dolor o rabia. Pero la incomodidad era pasajera. Tenía que serlo, porque no había otra opción. Nada de rencor, nada de caprichos. Nada de llanto que durase más de cinco minutos. No había espacio ni tiempo para eso. El entorno dictaba y controlaba mis emociones. La tierra donde había nacido era la que era: pobre, con pocos recursos y atrapante. Me repetía todos los días que iba a ser así por el resto de mi vida.

A pesar de todo, en mi casa había amor y armonía. Esto fue suficiente para que mi hermano y yo creciéramos como muchachos fajones y con buenos principios. Nuestras raíces iban buscando nutrientes. Había que sobrevivir. ¡Había que crecer!

RAÍCES
(Trasplantar)

¿Por qué es tan importante hablar de raíces? En las raíces es donde todo comienza. Son las terminaciones más pequeñas de una planta que permiten que esta absorba el agua y los nutrientes del entorno. Las raíces le permiten a la planta sobrevivir y crecer.

Las raíces de la vid, normalmente, son más profundas y menos densas que las raíces de la mayoría de las plantas. Los vitivinicultores (productores de uva y de vino) observan el crecimiento de las vides debido a su sistema de raíces. Impresiona ver la increíble tendencia a propagarse y lograr profundidad. Las plantas más adultas suelen tener raíces más anchas y profundas. Está demostrado que los sistemas de raíces mejor desarrollados producen más uvas con mejor jugo, más sales minerales y sustancias nutritivas. Claro está, las diferencias en densidad, profundidad y propagación de las raíces dependen mucho de la variedad de uva, el tipo de tierra y el clima.

Antes de hablar de las raíces de la vid, es importante mencionar que existe un enemigo… ¡como siempre pasa! El enemigo más dañino para la vid es la filoxera. Su nombre científico es *phylloxera vastatrix*. Da miedo hasta solo pronunciarlo.

Mediante el contacto entre viticultores americanos y europeos, este temido parásito emigró a Europa y se extendió a Francia. Sucesivamente, llegó a Italia y a España alrededor de los años 1835-1840, coincidiendo con las primeras travesías de los barcos de vapor en el océano Atlántico.

Aunque los primeros transatlánticos aparecieron a mediados del siglo XVII, (estos barcos eran responsables de transportar el correo entre Gran Bretaña y el continente americano) eran todavía máquinas ineficientes y utilizaban una combinación de propulsión de vela y vapor. El cruce del "charco" (así llaman todavía la gente de Puerto Rico y República Dominicana al océano Atlántico... ¡el charco!) duraba alrededor de dos meses si se hacía a vela; pero con la propulsión a vapor, el tiempo del viaje se redujo a dieciocho días. Esto propició la trasportación de plantas y frutos que no existían en el Viejo Continente. Así fue como también se pudieron transportar frutos, vegetales y animales desde Europa al Nuevo Continente.

La llegada de los conquistadores a América produjo un intercambio de especies alimenticias que al comienzo se realizaba de forma regional. Esto implicaba un traslado de plantas de unas zonas a otras, que además de enriquecer la oferta alimenticia de una región, promovía también la incorporación de especies nuevas en Europa. Esto ocurría trasplantando plantas nuevas y desconocidas en el Viejo Continente. Después de las expediciones europeas hacia América, África y Asia, se desarrolla lo que se conoce como el "comercio colonial". A consecuencia de esto, se produjo un intercambio de alimentos, de especies y condimentos exóticos hacia el Viejo Mundo y viceversa. Así llegaron productos como la patata (me pregunto qué estarían comiendo los irlandeses si no hubiesen llegado las patatas a Europa) el maíz, la habichuela, el pimiento, el tomate (¡y los italianos sin tomate!), el girasol, el pavo, entre otros productos. También se exportaron la cebada, el trigo, el arroz; además de animales como el caballo, la cabra, el cerdo, entre otros.

La alimentación, como era de esperarse, cambió considerablemente y continuó transformándose a medida que aumentaban las tierras conquistadas y mejoraban las comunicaciones entre las colonias y los colonizadores.

Con todo este tráfico de nuevas especies y mientras las plantas viajaban en sus tiestos, había unos pasajeros, en especial la filoxera, que vivían también tranquilamente en la tierra.

Una vez se plantaron las nuevas especies en territorio europeo, ¡los pasajeros llegaron a Disney! Me vienen a la mente escenas de cuando una oleada de emigrantes llega clandestinamente a su destino, y allí se forma un "¡sal pa' fuera!" y todo el mundo a correr.

La versión precisa sobre la filoxera fue que llegó a Europa en el 1863 porque se trató de combatir la plaga de *oidium* que estaban sufriendo en ese momento las vides europeas. Entonces, desde el estado Georgia se importaron plantas de la variedad *isabela* de vid americana. Estas importaciones trajeron también la tierra que albergaba la filoxera, que fue poco a poco eliminando las vides europeas porque no toleraban este tipo de insecto.

En los años subsiguientes el parásito invadió a todo el resto del continente y destruyó todos los viñedos que llevaban décadas de historia y producción. Este "viñecidio" duró alrededor de 40 años y progresivamente arruinó todos los comercios del vino. Hasta que desde donde surgió la plaga, llegó la solución. Se descubrió que las raíces de la vid americana eran resistentes a la filoxera y podrían funcionar como portainjerto.

De este modo la vid injertada con raíz americana fue resistente a la filoxera. No dejó que el insecto evolucionara y se nutriera de la planta, permitiendo así que el injerto, donde la parte aérea es vid europea, se desarrollara sin problemas.

Este remedio sigue siendo adoptado hoy en día y podemos decir que actualmente todos los viñedos europeos, y yo diría de todo el mundo, son injertados, a excepción de algunas cepas que se definen como "a pie franco" y que viven en suelos arenosos, donde la filoxera no sobrevive.

Mi hermano y yo teníamos raíces fuertes. No obstante, la presencia de la filoxera en nuestros entornos amenazaba a diario nuestra supervivencia. Vivíamos en el segundo piso del condominio y nunca hicimos caso a los adictos que se drogaban frente a nuestras ventanas, ni a los ladrones que frenéticamente chequeaban las carteras recién robadas a algunas señoras indefensas. Todo esto lo espiábamos en silencio, detrás de las persianas. Esta era nuestra estación de combate. Teníamos binoculares y hasta llegamos a construir un telescopio de cartón con espejitos para poder ver y entender mejor lo que estaba pasando.

Ser hijos de un herrero nos proporcionaba muchas destrezas que nuestros amiguitos no tenían. Además de tener siempre todas las herramientas a disposición, podíamos desmontar, arreglar y remontar una bicicleta. Nos pasábamos el tiempo construyendo objetos y juguetes; también nos gustaba desmontar radios, bocinas, entre otros artefactos.

Pero lo que realmente despertaba nuestra curiosidad era entender de qué estaban hechas las cosas. La mayoría de las veces nuestro propósito era encontrar imanes. Nos encantaba tener imanes de diferentes dimensiones y potencias para hacer un tipo de caña de pescar e ir a recuperar monedas y otros objetos metálicos que se caían o que se perdían en las rejillas de las aceras. También recolectábamos los plomos que descartaba la gomera de Testaccio para irlos a revender y ganar mil o al máximo *due mila lire* (el equivalente a uno o dos dólares en Italia).

Nuestras raíces iban escarbando. Iban hacia abajo como cohetes, buscando una solución al significado de la vida. Me deprimía tener que empujar casi todas las mañanas el carro de mi papá para prenderlo y para que me llevara a la escuela. Era un Simca 1000, uno de los carros más feos que había visto en mi vida. Ninguno de mis amigos tenía un carro así y esta era otra cosa que me frustraba. Yo era un adolescente y estúpidamente resentía todas estas cosas que pasaban a mi alrededor. Papá también utilizaba el carro como taller. Por ende, entre taladro, martillo, herramientas y pinturas, cuando uno se montaba en él, inevitablemente bajaba sucio.

Y así mi hermano y yo empezamos a estudiar dos carreras difíciles, él ingeniería y yo arquitectura. Teníamos de alguna manera que cambiar el entorno.

La vida se hacía casi monótona, pensando en cómo salir de un destino que parecía habernos ya marcado de por vida.

Durante mi desarrollo, intenté tener otras experiencias y aceptaba todos los trabajos que se me presentaban. Tenían que ser diferentes al ofrecimiento que me hacía mi papá de estar con él en su taller o de ayudarlo a pintar rejas.

Fui salvavidas en un prestigioso hotel de Roma. Vendía periódicos cuando había huelga de *le edicole* (*le edicole* en Italia son los que en España se llaman quioscos de prensa, ubicados preferentemente en vías públicas y destinados esencialmente a la venta de periódicos y revistas). Los empleados de esos quioscos a veces entraban en huelga (para mejorar sus contratos con las diferentes imprentas) y paraban la distribución. Daba mantenimiento a un edificio, era "extra" en la *Aida* en el Teatro dell'Opera di Roma (terminé trabajando en esta institución por dos años). Trabajé como delineante para el arquitecto que fue mi mentor ... y también fui mesero. Allí fue donde empecé a acercarme al mundo del vino. También fui recolector de libros para una librería en horario matutino antes de las clases en la escuela y hasta traté de ser modelo. Realmente hice casi de todo. Mis raíces iban escarvando y buscando desesperadamente de dónde alimentarse.

El reloj no dejaba de marcar el tiempo y el pasar de los años me respiraba en el cuello. Pasé de ser adolescente a sentirme ya acabado, atrapado en una realidad que no quería. Las raíces habían caminado y recolectado experiencias que ninguno de mis amigos había tenido. Mi planta tenía que dar frutos y mis frutos tenían que ser mejores. Solo así podía llegar a producir el mejor vino. Solo así podía alcanzar mi realización y ser feliz. Pero, ¿cómo?

De repente, a la edad de 28 años, me doy cuenta de que en la tierra donde había echado raíces era realmente imposible crecer. Mis raíces vigorosas y mis ganas de crecer me propusieron un cambio. Fue casi un chantaje: ¡o te trasplantas o te mueres!

EL TRONCO

El tronco es permanente y es el apoyo de los brazos de la vid. Empieza como un brote individual y luego de ser el soporte de una planta joven, se fortalece y se hace permanente. Los años los marcan de nudos y de callos. Les confieren fortaleza y ejercen el rol de ser la estructura de la parte vegetativa, o sea de las hojas, de los zarcillos y de los tallos. Son también la estructura de las flores, que son la parte reproductiva y, sucesivamente, de los frutos.

El tronco de una planta de vid madura tiene lo que llamamos brazos. Estas son ramas cortas que se originaron a partir de sarmientos y que se encuentran en posiciones diferentes dependiendo de la poda que el ser humano le ha proporcionado. En otras palabras, el tronco tiene su forma porque las manos del agricultor lo han moldeado para que fuese así y no creciera "al garete", como diríamos en Puerto Rico.

La vid es una planta con un ciclo biológico vegetativo anual. Cada año, después de haber producido sus frutos, se despoja de todo su follaje y cae en un descanso donde lignifica lo que creció durante su año de producción. Así aumenta su tamaño y su fortaleza, mientras las raíces continúan adheriéndose cada vez más al terreno.

En la vieja tierra donde había nacido no era posible sobrevivir; pero como cuando la planta viene trasplantada a otro entorno y en otra tierra, ella solita se dedica a adaptarse al nuevo terreno.

Como todo proceso natural, en unos años la planta se adueña de su entorno, especialmente cuando tiene buenas raíces, y después de unos años de luchas y adaptación, ya no le teme a la sequía ni al agua ni al viento. Cada año y cada ciclo biológico la hacen más fuerte.

Logra ponerse de acuerdo con el sol y con la noche. Tampoco le amedrentan ni los parásitos ni los destructivos golpes de granizo. Su tronco fuerte, sus raíces robustas y profundas la mantienen vigorosa y productiva y es capaz de superar todas las adversidades.

Así, yo decido trasplantarme en otra tierra. Lucho con los agricultores que me habían protegido y ayudado a crecer por casi tres décadas. Los mismos que me habían creado y que por toda una vida me habían dado agua y alimento. Aquellos que, de igual forma, me habían quitado de encima los parásitos y que me protegieron del entorno tóxico.

Decido entonces dejar aquel cuartito sin ventanas, el que me había servido de escondite por tantos años. El mismo cuarto que había odiado y amado por veintiocho largos años. Pero, sobre todo, decido también dejar a mi *partner*, mi ejemplo a seguir, mi compañero de juegos, mi cómplice y mi tutor de matemáticas. Lo que representaba y aun representa la persona a emular, la mitad de mi corazón… ¡mi hermano Roberto! quien hoy día es un ingeniero prominente. Otra vid que vivió muchos ciclos vegetativos y logró sobresalir sin tener que dejar la tierra donde nacimos.

Diametralmente opuesto a mí, tiene un carácter digamos más pasivo, pero mucho, mucho más determinado. Este ingeniero capaz de sobrevivir a todas las circunstancias como *McGyver*, es cuatro años mayor que yo y con una corteza que todavía causa envidia a plantas de ciento cincuenta años.

¡Es el genio de la casa! Tenía la capacidad de tolerar las situaciones que vivíamos a diario en casa con la misma capacidad con la que un apneísta aguanta su respiración para establecer su récord. Era el más ponderado, mientras yo, por el contrario, era más desesperado. Dos plantas con los mismos genes, con las mismas raíces y con caracteres totalmente diferentes, pero ambos con el mismo deseo de salir de una forma u otra de allí.

Con mi hermano Roberto y mi abuelo Dario.

Yo realmente estaba más loco que él. Recuerdo que con el dinero de los trabajitos que hacía, quise aprender a tocar un instrumento y me compré un saxofón tenor Grassi. Se pueden imaginar el escándalo que hacía en el pasillo de aquel apartamento en Testaccio. Me ubicaba frente a la puerta del cuarto de mis abuelos, tratando de hacer mis ejercicios de escalas y arpegios. Hasta que un día mi abuelo me dijo: "Sandro, escoge entre el sax o tú, porque los dos no pueden coexistir aquí adentro". Así que decidí venderlo y con el dinero le regalé un teclado dinámico Yamaha a Roberto. Hoy él toca piano. Recuerdo con admiración y envidia su capacidad y constancia de meterse allí todas las noches con sus audífonos en el mismo pasillo a practicar.

Con Roberto frente al Duomo de Orvieto, Italia.

En La Bodega de Méndez en Guaynabo.

A pesar de la distancia de treinta años y de más de cinco mil millas, la conexión con mi hermano sigue intacta. Es como si nuestras raíces se hubiesen encontrado en algún punto bajo de la tierra y lograron mantener fuerte nuestra conexión, amor y admiración por los logros de cada uno.

Pero en el momento en que me encontraba no era fácil decidir. No podía saber qué futuro me esperaba. Las incógnitas eran demasiadas y la incertumbre era muy fuerte. No era posible pensar ni inventar un plan. No estaba dejando mi entorno por uno más seguro, más grande, más sano...¡no! Estaba dejando todo lo que tenía por absolutamente nada, una incógnita más grande. Pero, ¿qué tenía realmente? Bueno, tenía una familia. Pero el deseo de tener algo más, algo mío, algo propio, algo más grande... era inmenso.

Así llego a mi nueva tierra, Puerto Rico. Mis raíces eran largas, robustas; el tronco era sólido. Solo tenía 28 años, pero las múltiples experiencias en mi vida me proyectaban mayor. Los estudios de Arquitectura contribuyeron a que me percibieran como alguien más preparado y mi origen romano definitivamente me proyectaba y me encasillaba fuera de la masa en la cual estaba acostumbrado a vivir.

Yo, incrédulo, miraba alrededor. Estaba perdido en el espacio, no entendía el idioma (no hablaba ni español ni inglés). Lo que necesitaba era una oportunidad para poder anclarme al terreno. Tenía pánico, pero percibía tantas oportunidades que casi no lo podía creer.

Así que gracias a Luigi Marrozzini, un tío político, me encuentro en un cuarto de una casa detrás de Plaza Caparra en Guaynabo, haciéndole compañía a una señora octogenaria que era la suegra de Luigi.

Es importante hacer un alto y explicar a este mítico personaje italiano que se había transferido cincuenta años antes a Puerto Rico persiguiendo un sueño de amor nacido en la Fontana de Trevi, como en las películas, con Doña Aura Rivas, una de las primeras abogadas de Puerto Rico.

Luigi fue un importante *art dealer* en la isla. Fomentó los grabados y ayudó a muchos artistas puertorriqueños a darse a conocer mundialmente. Implementó "Pequeños Formatos", una exhibición anual en la que muchos artistas participaban con obras pequeñas (pintura o escultura) de máximo de un pie cúbico. Creó también las "Noches de

Galería", que por muchos años fue un evento elegantísimo, en el que todas las galerías del Viejo San Juan quedaban abiertas hasta altas horas de la noche exponiendo sus obras y con la presencia de los artistas que explicaban sus creaciones.

Con Luigi Marrozzini en Roma

En la *Galería Luigi Marrozzini*, antes conocida como *Galería Colibrí*, artistas como Zilia Sánchez, Marcos Irizarry, Agustín Fernández, John Balossi, Charles Juhasz-Alvarado, Teo Freytes, Jorge Zeno, Carlos Osorio, entre otros, exponían sus obras junto a clásicos como los de Dalí y de Picasso.

Luigi tuvo una breve, pero significativa participación en mi desarrollo en la isla. Era un visionario. Recuerdo que no existía el internet y él me hablaba de las visitas virtuales a galerías de arte de todo el mundo. Lo admiraba profundamente. Aun recuerdo con tristeza cómo el cáncer lo venció al año y medio de haber yo llegado a Puerto Rico. Esto me hizo heredar parte de su legado: la visión y el deseo de continuar respaldando el arte en esta isla. En el poco tiempo que viví con él, me había transmitido el amor por Puerto Rico, el mismo amor que hoy en día sigo sintiendo profundamente.

Y volviendo a su suegra. Mientras la cuidaba, a la vez aprendía...aprendía...y aprendía. Me movía en el transporte público: las que llaman "pisicorre", en guagua, a pie y hasta en la lancha de Cataño. Estaba en constante movimiento, observando y estudiando.

Tenía un poco de dinero que obtuve de la venta de mi motora en Roma, más algo que me habían dado mis padres. Después de tres meses ya me podía comunicar... mal, pero me hacía entender y cada vez comprendía el idioma mucho mejor. Y ahí es cuando decido, finalmente, hacer la primera movida. No tenía muchas cartas que jugar. Es más, exactamente tenía una sola opción y tenía que funcionar.

Mi papá me había enseñado a jugar al ajedrez y había aprendido a anticipar un par de movidas. Había desarrollado ese talento, el mismo que me hizo trasplantarme en otra tierra. Tenía solo una jugada y la derrota no era una opción.

La vid, tras la aparición de los primeros brotes en primavera, desarrolla las hojas y la floración. Luego va produciendo unos tallos jóvenes y verdes, llamados pámpanos. De allí salen los zarcillos que ayudan a la planta a treparse y sujetarse de donde pueda. Los pámpanos crecen frenéticos y con prisa, a un ritmo de hasta dos pulgadas al día. En el verano, con la maduración de los racimos de la uva, los pámpanos pasan de ser unos brotes herbáceos a ser unos órganos leñosos llamados sarmientos. Para aclarar cualquier duda, un pámpano o un sarmiento es el mismo brote, pero en distintas etapas del ciclo de la vid.

Después de la vendimia y de la caída de las hojas, la planta entra en su receso invernal y reduce al mínimo su actividad. Los sarmientos son sometidos a la poda de invierno. Esta poda está hecha por el propio agricultor y consiste en eliminar todas las ramas que crecieron durante el año, dejando solo unas pocas debidamente cortadas y moldeadas. De estos sarmientos que quedan brotarán los futuros pámpanos del nuevo ciclo biológico de producción.

Yo estaba listo para un nuevo ciclo biológico. ¡Tenía raíces, tronco y sarmientos listos! Empiezo a tirar mis pámpanos y zarcillos, esos mismos que se agarran a todas las oportunidades. Y es en un *wine bar* que veo mi próxima oportunidad. Crezco y evoluciono.

EL COMIENZO EN UNA TIERRA NUEVA

En el *wine bar* llamado *Il Grottino* es donde mi vida se encuentra frente a frente con el mundo del vino. Pongo en práctica todos mis conocimientos de arquitecto y, sobre todo, los de hijo de un herrero. Tenía poco dinero y tenía que ser suficiente para montar el primer *wine bar* de Puerto Rico. En fin, en aquel momento, yo era el único *sommelier* certificado en la isla y no podía dejar de utilizar la ventaja que eso me daba. Todavía no conocía bien la movida en San Juan, pero el olfato de arquitecto me hizo identificar tres posibles áreas donde el *wine bar* podría funcionar mejor: el Viejo San Juan, el Condado o la famosa "Milla de Oro" en Hato Rey. Me decidí por el área de Condado y alquilé un pequeño espacio. En pocos meses adapté el mismo y le construí un segundo baño. Construí muebles y mesas. Diseñé las patas para unas mesas, que luego un herrero local las construyó, una barra, un *counter*, una cocina microscópica. Y, finalmente, abrí el lugar sin saber bien que este espacio estaría destinado a cambiar la percepción y el consumo del vino en Puerto Rico.

Era un sitio acogedor en el corazón de Condado. Contaba con trece mesas adentro y un estacionamiento para dos carros, que inmediatamente transformé en una terraza al aire libre con sombrillas y unos floreros. Estos le daban la vuelta y creaban un ambiente íntimo, separándolo de la acera.

El menú era simple, pero era consistente y original. Las primeras copas *bordeaux*: grandes, altas, imponentes (fui el primero en importarlas directamente desde Italia) impactaban a todos los comensales que se aventuraban a probar este nuevo sitio. Lo llamé *Il Grottino*, que en italiano significa la pequeña gruta, en honor a una pizzería en Testaccio que se llamaba igual. Esa pizzería fue probablemente el único sitio donde por años íbamos a comer en familia. Papá nos llevaba a cenar cuando queríamos salir de casa o cuando ganábamos un partido de baloncesto.

Il Grottino de Puerto Rico fue un éxito desde el primer día que abrió sus puertas. Hombres y mujeres de todas las edades, de todos los niveles sociales, se daban cita en este rincón romano establecido en la Avenida Ashford. Políticos, artistas, cantantes y hasta el príncipe Felipe, ahora rey de España, llegaron a comer y degustar vinos en el *wine bar* de San Juan.

Il Grottino en Condado, San Juan

Il Grottino, arte creado por el artista puertorriqueño Teo Freytes.

El entonces príncipe Felipe de España, hoy el rey Felipe VI, y yo.

Tuve acceso a muchos de los productores de vinos más importantes del mundo. Pude degustar vinos de todas las calidades y todos los precios. Mis raíces iban nutriéndose de todo esto, y yo iba desarrollando las movidas de mi más grande partido de ajedrez. Estaba convencido de que tenía que modificar el acercamiento de los consumidores al mundo del vino, ya que había visto que al principio los grupos eran bastante elitistas. Comienzo a ofrecer cursos de apreciación al vino, utilizando diapositivas y fotos que yo mismo tomaba de mis viajes, ya que en aquel momento no había *internet* ni existía el *Power Point*. Mi único objetivo era desarrollar e incrementar el alcance al mundo del vino en Puerto Rico.

El entorno me acepta y las raíces empiezan a penetrar. Siento que finalmente encontré mi *terroir*. Saboreo el dulce néctar del éxito, pero no me siento del todo integrado en mi nueva realidad.

LOS CICLOS BIOLÓGICOS
(La fase vegetativa)

I

Un fugaz matrimonio con Patrizia, una CPA italiana, cierra repentinamente mi primer ciclo biológico en tierra nueva. Todo comenzó cuando éramos todavía estudiantes en el mismo Liceo Scientifico Wolfgang Goethe, en Roma, cerca de la Pirámide Cestia. Patrizia era la sobrina de Luigi Marrozzini y mientras fuimos novios, gracias a ella conozco al famoso galerista quien, en una de sus visitas a Roma, me invitó insistentemente a visitarlo en la isla del encanto. Luego de un corto noviazgo y con la misma ansiedad de un futuro incierto y triste, utilizamos aquella invitación y nos transferimos a Puerto Rico, buscando una oportunidad desarrollando nuestras vidas, más como *partners* de negocio que como marido y mujer.

La vid que está en mí sigue produciendo y continúa evolucionando. El objetivo ahora es cosechar el mejor fruto y poder producir el mejor vino. Al fin al cabo, la felicidad, como siempre digo "está allí, en un sorbo de vino compartido con la persona correcta y en el mejor momento".

Los ciclos biológicos no son todos iguales. Cada uno depende del clima, la lluvia y el sol. Dependen de cuándo y cómo suceden los eventos y los cambios atmosféricos. Dependen también de cómo se dan las intervenciones del agricultor que las ejecuta. Por ejemplo, las flores de la vid son bien delicadas. Sabemos que la vid es una planta hermafrodita, o sea, es una planta que se autofecunda. Sus flores tienen el gineceo, órgano femenino de la flor, y el androceo que es a su vez el órgano que produce los granos de polen para que la flor se fecunde y pueda dar vida el fruto. Si un evento de lluvia fuerte o el granizo caen violentemente durante la fase de la floración, se corre el riesgo de perjudicar todo el trabajo de un año y la cosecha misma.

Mi divorcio con Patrizia ocurrió en un momento que no era tan perjudicial para los frutos que perseguía cosechar. Quedó tan buena la relación con ella que en aquel momento seguimos trabajando juntos en varios proyectos más. De hecho, aun ella viviendo en Florida y yo en Puerto Rico, mantenemos hoy día una buenísima amistad.

Empecé así otro ciclo. Salieron otros pámpanos y otros sarmientos se iban formando cada vez más fuertes. Mientras tanto, yo estaba con más ganas de superarme y de alejarme de aquella vieja realidad que ya había abandonado en Testaccio.

Abrí mi segundo *wine bar/ restaurant*; un proyecto que fue más ambicioso. Compré mi primer edificio en el centro histórico del Viejo San Juan y lo remodelé junto a uno de los mejores arquitectos de Puerto Rico, Héctor Arce (QEPD). Fue mi primera compra de un inmueble y escogí comprarme un espacio comercial y solidificarme económicamente antes de comprar una casa.

Materialicé un sueño. Hice algo como lo que marcaban las historias de los grandes arquitectos del pasado… ¡fui mi propio cliente! Junto a Arce pensaba, diseñaba, creaba y realizaba. Mi papá, que nunca en su vida había hecho un viaje sin mi mamá, aceptó venir a Puerto Rico para ayudarme con todos los trabajos en hierro que tenía el proyecto. Este proyecto iba a ser la primera pizzería, italiana de verdad, con horno de leña. Contaría con un *mezzanine* que era el *wine bar*, un segundo piso que era el *fine dining restaurant* y una terraza afuera. En aquel momento no sabía que iba a revolucionar a todos los restaurantes del área turística, ya que estaba creando el precedente de permitir que los comercios pudieran expandir y abrir sus terrazas al aire libre frente a sus facilidades, pagando una renta al municipio y ampliando la cubierta de sus seguros.

Quería a toda costa que mi papá viera lo que su hijo, el loco, el mismo que había dejado todo por un sueño totalmente irreal y utópico, había llegado a ser y lo que estaba haciendo.

Recuerdo la primera vez que él entró conmigo al local, del cual había prácticamente mandado a destruir todo su interior. Estábamos uno al lado del otro. Él sabía de la deuda que yo había adquirido con el banco. En ese momento, los dos dimos tres pasos hacia el interior del local y nos quedamos parados frente a una montaña de escombros, mirando una neblina de polvo que bajaba como nieve. Yo con cara de satisfacción, porque veía que el proyecto se estaba realizando y aunque faltaba muchísimo, ya tenía visiones de la barra y de los clientes. Papá no estaba exactamente en la misma onda que yo. Después de un minuto de silencio, recuerdo la frase que me dijo en romano: *"Fío mío en che te sei messo!"* (¡Hijo mío, en qué te metiste!), mientras le brotaba una lágrima densa y silenciosa. Recuerdo haberle contestado fuerte y seco: "Te pedí venir aquí para ayudarme con los trabajos en hierro y no para desmoralizarme". Contesté fuerte y no permití ni un segundo que quebrantara mis pámpanos. Fui determinado y papá entendió que era mi decisión, era mi carácter, era yo. ¡No era él!

Con mi padre en pleno proceso de construcción de *Il Grottino* en Viejo San Juan.

Esa parte de mi carácter se la debo a mi mamá, Germana. Ya solo este nombre nos hace pensar en la rigidez de los alemanes. En efecto, mamá ha sido siempre la mujer de carácter fuerte de mis padres. Siempre ha sido muy amorosa y afectuosa, sin embargo, es capaz de sacar uñas y dientes al momento de defender lo suyo y a su familia. Muy similar a las madres latinas. Recuerdo que mi mamá empezó a trabajar cuando yo tenía doce años. Se levantaba todos los días a las cuatro y media de la mañana para hacer la limpieza en la oficina de un dentista (al final, terminó trabajando allí como asistente por los próximos treinta años). Después, regresaba a casa para prepararnos a mí y a mi hermano para ir a la escuela. Con los años entendí todos los sacrificios que hacían ambos por nosotros. Tuvo que haber sido difícil criar unos niños teniendo pocos recursos y manteniendo siempre el buen humor, promoviendo la unión familiar.

Lo que siempre me ha sorprendido es cómo mi mamá dejó que papá viniera a Puerto Rico por casi tres meses. Ellos nunca se habían separado, en ningún viaje. Y no es que viajasen mucho, pero todos los movimientos los hacían en pareja. Actualmente llevan más de sesenta años de matrimonio; papá tiene ochenta y siete años y mamá ochenta y cinco y siguen más unidos que nunca.

Entiendo entonces que en aquel momento eran circunstancias particulares y, buena madre al fin, se sacrificó por su hijo. Ya ambos habían venido a visitarme a Puerto Rico y sabían que yo estaba bien, estaba feliz y seguía buscando la manera de crecer. Pero este proyecto de *Il Grottino* en el Viejo San Juan requería mucho esfuerzo y yo, que por orgullo nunca había pedido ayuda, ahora estaba pidiéndola a gritos silenciosos.

Mi padre, don Giulio.

Papá ha sido siempre un buen tipo. Un gran trabajador con un corazón gigante. Mucha gente le decía de cariño que era el hermano de Jesucristo, porque era pacífico, determinado y tranquilo. Siempre resolvía todo con calma. Sumamente inteligente, hábil jugador de ajedrez y de todos los rompecabezas imposibles de resolver para cualquiera de nosotros. Había dejado de estudiar a causa de haber nacido y crecido en un momento de guerra.

Desde la edad de los doce años trabajó como herrero en el taller con su papá, el abuelo Romolo, y con su hermano, el tío Mario. Papá era agudo, con una mente privilegiada, pero un poco débil cuando se trataba de defender "lo suyo" … o por lo menos esto es lo que mi hermano y yo siempre pensamos y resentimos. Creo que nunca hemos perdonado a papá por haber dejado una casa grande, con jardín, en un barrio bello de Roma que se llama *Garbatella*, para ir a vivir con sus suegros en el microapartamento de dos cuartos en Testaccio.

Ahora entiendo que para él también fue necesario un trasplante, probablemente él también sintió que tenía que mover sus raíces de lugar. Es cierto también que, por otro lado, tenía a su mujer de hierro y que no tuvo que haber sido nada fácil lidiar con ella sesenta años atrás.

Papá en plena construcción.

Así que papá se quedó casi tres meses en Puerto Rico conmigo. Nunca había pasado antes. Estar solo con él se sentía raro, pero me hacía sentir bien. Me sentía seguro con él a mi lado. Siempre me hizo sentir así. Papá tenía una solución para todo. No había problema que no pudiese resolver. Pero ahora yo, el más pequeño de la familia Giulimondi, era el que defendería a papá. Yo era el que decidiría y tomaría las decisiones sobre qué hacer, a quién contratar, a quién pagar.

Papá fue realmente fabuloso; cumplió su promesa e hizo un trabajo estupendo. No sé cómo se comunicaba con los demás, pero se hacía entender. Todos los obreros estaban locos con él. Todo el mundo que lo conocía quedaba fascinado. Era como si pudieran ver su alma blanca a través de su simple y tierna mirada.

Papá con los trabajadores de la obra de construcción.

Papá era tan talentoso que, al mes, ya el arquitecto le había ofrecido quedarse, con un contrato de cien mil dólares al año, más bono, más casa, gastos, etc. Pero papá tenía sus raíces en Roma y más que todo en Testaccio. Más aún, sus raíces estaban entrelazadas con las de mi mamá y para él el dinero no era tan importante.

Trabajo terminado.

Para que el ciclo biológico y su fase vegetativa se dé bien, hay que tener un clima donde estén bien definidas las cuatro estaciones del año. Cada cambio climático tiene una repercusión sobre el desarrollo del ciclo. Si todo corre bien, en febrero-marzo la planta empieza a activarse después de sus meses de descanso y se manifiesta botando gotas de agua justo en el corte donde fue podada. Esta fase se conoce como la fase del llanto. Exactamente porque parece que el viñedo está llorando. De allí de donde salen las gotas de agua, en marzo-abril, comienzan a hincharse los brotes y crecen los pámpanos.

Las hojas y los zarcillos se forman y la planta comienza a amarrarse a los hilos de acero, que las manos humanas han puesto con este propósito. Se agarra y crecen los sarmientos, se forman las flores y ya en mayo-junio las flores se fecundan. De ahí las raíces y el sol hacen el milagro. En el mes de julio se desarrolla la fase de envero, donde los granos de uva toman forma, se agrandan, se llenan de agua y de azúcares, mientras los ácidos van disminuyendo. Otra vez la mano humana entra en juego y corta las hojas en exceso para permitir al racimo tomar sol. Finalmente, el racimo de uva se presta a culminar su labor que es madurarse. La planta está casi lista para culminar su ciclo, falta poco… falta poco.

Y mientras se formaban filas interminables frente a la pizzería, puse toda mi energía y mis ganancias en la terminación del *fine dining restaurant* del segundo piso. Faltaba poco para completar el ciclo, faltaba poco para completar la obra maestra. Este ciclo de alguna forma iba a sellar mi pacto con Puerto Rico.

Ya en el primer año de la pizzería y el *wine bar* habían facturado más de un millón de dólares. Con el restaurante del segundo piso hubiera podido vivir tranquilo por el resto de mi vida. Así que aposté todo lo que había ganado en el restaurante.

El viñedo no solo tiene enemigos en la tierra, también su mejor aliado, que es el clima, a veces puede revelarse como su peor enemigo.

Una helada nocturna, un granizo durante la florescencia, o peor aún, con las uvas maduras, puede representar un desastre y dañar completamente el ciclo biológico de la vid. Para evitar estas catástrofes, el hombre tiene que intervenir. Normalmente para evitar el destructivo granizo, se disparan cohetes de sal en las nubes. Mientras que para evitar las heladas nocturnas, se prenden unos quemadores a lo largo del viñedo, entre las hileras, para que amortigüen y disipen la helada que baja sin piedad sobre las plantas. Si el ser humano no hiciera esto, lamentablemente se comprometería todo el trabajo de un año y la producción futura, que, en este caso, estaría ausente o sería escasa.

Finalmente abrí las puertas del *fine dining* y el restaurante empezó a trabajar de maravilla. Óptimas reseñas, reconocimiento del *Wine Spectator*, mención de *Decanter*, artículo en el *Gambero Rosso* y muchísimas más revistas y periódicos hablando de *Il Grottino* del Viejo San Juan.

Esta gloria duró pocos meses. Sucedió lo que no se esperaba ... y que no había manera de combatir tirando cohetes de sal o prendiendo fogatas. ¡El 11 de septiembre fue mi granizo y mi helada! La caída de las torres gemelas no solo representó la vulnerabilidad de un país, sino que fue el acto terrorista más violento e impactante de la historia moderna y había destrozado la vida de miles de personas. Sobre mi pequeño viñedo había bajado como la guillotina de un verdugo.

En el momento más neurálgico de mis operaciones, el clima había cambiado tanto que prácticamente se borraron de forma consecutiva dos de las temporadas turísticas más fuertes. Se cortó así mi ciclo biológico casi de raíz y me puso de rodillas.

Las deudas, la hipoteca, los treinta y seis empleados... todo era demasiado para poderlo sufragar con los pocos clientes que llegaban. No quise despedir a nadie porque se había desarrollado un sentido de familia y de pertenencia. Propuse entonces una reducción de horario y de salario para todos. Yo fui el primero en renunciar a mi sueldo. Pero poco a poco los empleados se fueron, buscando otras oportunidades. Ellos también tenían sus propios ciclos biológicos y estaban siendo afectados por esta desgracia. Tuve que cerrar el *fine dining* del segundo piso y me quedé operando solo la pizzería.

Después de dos años, finalmente pude levantar nuevamente la nariz de este avión que inexorablemente estaba cayendo, como los *kamikazes* en la Segunda Guerra Mundial. Estaba física y moralmente agotado. Decidí finalmente vender mi segundo restaurante. Sentí que se había cerrado otro ciclo.

Cuando pasan estas desgracias, la planta realmente no muere. Sufre un poco, pero tiene brotes que se llaman "yemas latentes". Estas yemas se forman en la axila de las hojas y de algunos sarmientos; pero no se desarrollan nunca excepto cuando hay daños excepcionales a la planta, causados por heladas, granizo, fuego, enfermedades y otras inclemencias.

Así que no me morí. Pronto se me activaron las yemas latentes y decidí vender todo el edificio.

Tengo que admitir que se me fue un pedazo del corazón. Por un momento sentí que se había desvanecido la razón por la cual estaba en Puerto Rico.

LOS CICLOS BIOLÓGICOS
II

Tuve mis momentos de depresión que pude pacientemente superar. El edificio lo había vendido muy bien y, cubiertas las deudas, me quedó un buen dinero. Esto me permitió por lo menos pasar mi tristeza y mis confusiones en tranquilidad, sin prisa.

En este tiempo pensé muchas cosas. La primera que pensé por un momento fue que tenía que regresar a Testaccio. Aún así, sentía mis raíces ancladas al suelo boricua. Ya hablaba español y había ido a la universidad para aprender inglés. Mis pámpanos no habían parado de crecer y los zarcillos aprendieron a agarrarse a lo que fuese, a una idea o a una oportunidad. Era más rico de lo que era cuando llegué. Y no me refiero tan solo al dinero, sino también a la fuerza y a la determinación, al carácter y al conocimiento. Había desarrollado charlas educativas, había escrito para periódicos y revistas. Había participado en programas radiales y televisivos, había crecido en el mundo de la enogastronomía. Había llegado a ostentar títulos importantes y coleccionado miles de degustaciones con personalidades importantes. ¿Cómo iba a dejar eso para regresar? ¿Regresar a dónde? Tenía que empezar otro ciclo. Pero... ¿qué hacer? ¿en dónde?

La yema latente sabe perfectamente qué hacer; solo hay que dejarla ser. Cuando la vid tiene una crisis, se activa de inmediato. Es como si la planta diera *shutdown* a todo el resto del tronco y de las ramas, a los sarmientos y a las hojas. Deja que todo se seque y dedica toda la energía de las raíces a este brote. Tiene poco tiempo para retoñar y crear una nueva planta, una planta vigorosa con las mismas raíces de la anterior. Obviamente toda esta concentración sobre un solo brote hace que el proceso sea realmente rápido.

Así mismo me sentí después que decidí concentrarme en mi yema latente. Porque se trata de decidir...y decidí seguir evolucionando. Se había acabado un ciclo, no se había acabado la vida.

Cuando el agricultor decide podar las ramas del ciclo vegetativo anterior, corta sin dudas, con seguridad, sin piedad y sin miedo a fallar. Es como si alguien le susurrara al oído dónde poner el filo de las tijeras, alguien que ve el futuro y sabe que en el próximo ciclo van a crecer mejores frutos.

Una propuesta de la Universidad del Este me sugiere un nuevo camino. Acepté trabajar como profesor en esta institución, y más específicamente, entré en la Escuela de Turismo. Allí desarrollé tres cursos: *"Wines and Spirits"*, *"Dining Service"* y *"Wine and Food Pairing"*. La paga en términos de dólares y centavos era baja, pero en términos de satisfacción personal era altísima. Este ciclo duró dos años y nunca me había sentido tan satisfecho de haber hecho algo que para mí era socialmente útil. Me encontré con unos estudiantes fabulosos, que tenían pocas ganas de estudiar, pero sí tenían la energía de hacer algo y de seguir hacia adelante. Me identifiqué con ellos y les repetía que todo era posible.

Era posible salirse de aquella misma miseria que me tuvo atrapado en mi ciudad, cuando tenía la misma edad de ellos. Había solo que seguir y tratar de hacer lo mejor, sin importar qué estuvieran haciendo. Cocinar y vivir de la gastronomía era una oportunidad excelente, especialmente viviendo en una isla donde el turismo y la industria del servicio no iban a morir nunca.

En esos dos años pude satisfacer las ganas que tenía de transmitir a los jóvenes lo que había aprendido en el camino. Sobre todo, trataba de explicarles que no había nacido con un *Rolex* o con un *Mercedes*. Yo había sido como ellos, con las famosas camisas apretadas que no permiten respirar y con las ganas de salirme de mi vieja realidad mediocre. Fue literalmente maravilloso poder enseñar y transmitirles lo que había aprendido con los años. Decirles que hay que tener pasión y que los golpes de suerte sí existen y son como trenes que nos pasan alrededor constantemente. Pero no hay manera de agarrar uno si estamos inmóviles. Imagina extender el brazo y pretender agarrarse al tren que va a las millas… ¡Imposible! ¡Te arranca el brazo! Hay que estar en continuo movimiento y mucho mejor si estamos corriendo. En otras palabras, hay que hacer algo siempre, constantemente.

Esto fue lo que aprendí. Es lo que sabía hacer y que me había funcionado. Y si funcionó para mí, podía funcionar para todos aquellos muchachos que venían a la clase a estar un par de horas con aquel extravagante profesor italiano de los pantalones rojos.

Durante los años que tuve el restaurante había desarrollado la capacidad de identificar en poco tiempo las personalidades de la gente, y podía ver claramente quién tenía potencial para crecer y quién no. Todos eran buenos muchachos, pero había un par de ellos que prometían, que tenían talento, personalidad, chispa y sobre todo tenían ganas... exactamente las mismas ganas que tenía yo de superarme. Ganas de meter mano, sin miedo.

Pasaban los meses y podía ver y percibir los sarmientos de unos cuantos de ellos. De repente me doy cuenta de que... ¡me había transformado en agricultor! Era tanto mi deseo de ayudarlos a crecer, que muchas veces los ayudaba con otras materias, aunque fuese matemáticas. A veces hablábamos hasta de la materia que tenían después de mi clase. Lo importante para mí era fomentarlos a seguir.

Sabía que no todos iban a dar fruto. Sabía que muchos de ellos no iban a quedarse trabajando en ese sector. Pero mi misión como agricultor era ayudarlos a todos.

Es cierto también que muchas flores se cayeron solas y otras llegaron a ser fruto y a madurarse. Este fue el caso de Christopher Santiago, conocido como Chef Colo. Hoy es un buenísimo chef y una exitosa personalidad televisiva.

Con Christopher Santiago, Chef Colo.

En lo que a mí respecta, también me beneficié de este ciclo. Aprendí a simplificar los conceptos relacionados al mundo del vino. Fue una oportunidad más única que rara. Con ella pude lograr traducir en "arroz y habichuelas" un mundo complicado, elitista y un poco *snob* que era el mundo del vino. Claro, según visto por los ojos de los consumidores del Nuevo Mundo y no del Viejo.

Cuando llegué a Puerto Rico quienes tomaban vino eran los profesionales (doctores, abogados, ingenieros) y los adinerados que tenían la oportunidad de viajar. Ahora, después de mi *wine bar*, se había creado una conciencia más simple y verdadera sobre el vino. El vino se había introducido en la gastronomía puertorriqueña y también los jóvenes empezaban a perderle el miedo a consumirlo más y a interesarse en saber más. Y como dijo mi amigo Juan Rieckehoff (QEPD): "había logrado transformar el vino en aceite, capaz de lubricar las relaciones entre las personas de diferentes edades, de diferentes niveles sociales, de diferentes capacidades económicas y de diferentes visiones políticas."

De alguna forma tenía la percepción de que algo de lo cual yo había sido promotor por diez años, había desarrollado sus raíces; y sin saberlo, yo había plantado un nuevo viñedo aquí en el Caribe, exactamente aquí… ¡donde no crece la vid!

LOS CICLOS BIOLÓGICOS
III

La universidad me llenaba el corazón, pero no los bolsillos. El salario no era gran cosa y mis raíces producían pámpanos que iban "a las millas". Decido, mientras daba clase en la UNE, abrir una tienda de ropa. Ya había tenido una experiencia de importación y distribución con mi primera esposa, entre el primer *wine bar* y el segundo.

Empezamos a traer el *Prêt à Porter* (*Made in Italy*) y a distribuirlo en todas las tiendas del área metropolitana. Llegamos hasta abrir una tienda que se llamaba *Donne Made in Italy* y finalmente vendimos el proyecto: la tienda y la distribución, porque se había concretado la compra del edificio del Viejo San Juan, que iba a ser el super proyecto de la pizzería, enoteca y restaurante, y que requería todo nuestro tiempo y nuestros esfuerzos. Así que tenía ya experiencia en este campo ¡otro más! y decidí entonces abrir la primera tienda de *lingerie* fina, con una de las marcas más importantes del mundo de la lencería, que se llamaba *La Perla*.

Se trataba de una marca italiana y recuerdo que me dio mucha satisfacción cuando la lancé. La tienda se llamaba *Perlage* y era un juego de palabras entre el nombre de la marca y las burbujas del *champagne*, que al final era el mismo argumento del vino que me seguía identificando. Yo, de una manera u otra, seguía siendo uno de los pocos expertos de vinos de Puerto Rico y este reconocimiento que me había costado tanto capitalizar, no podía perderlo. Mientras daba clases en la UNE, tenía *Perlage* corriendo sin problemas. También daba charlas privadas, asesorías a restaurantes, cursos de vinos para clientes corporativos y para algunas importadoras, en particular para Méndez & Co., una de las distribuidoras más importantes de vinos y licores en Puerto Rico. Sentía que había caído nuevamente en una realidad caótica. Estaba corriendo hacia diferentes direcciones, pero era necesario para poder estar listo cuando el tren de las oportunidades se me acercara nuevamente. Y así fue.

En noviembre del 2004, mientras terminaba el semestre de mi segundo año en la UNE, la gerente de mercadeo de Méndez & Co. me pregunta si, a través de mis contactos, conocía a alguien capaz de manejar el portafolio de los vinos italianos, americanos y franceses. Creo que no titubeé más de cinco segundos antes de contestar que yo era la persona perfecta para ese trabajo.

Era la ocasión para aprender más sobre ese negocio, sobre el mundo del vino, esta vez visto desde la perspectiva del importador. Al principio trataron de decirme que estaba sobrecalificado y que el sueldo ofrecido no era suficiente para una persona con mi experiencia, pero dentro de mí pensé en mis orígenes. Me vino a la mente el carro de papá que había que empujarlo todas las mañanas, el microapartamento y el clóset sin ventanas donde había crecido, y sonriendo le dije que estaba bien. Quería tener la experiencia de un trabajo nuevo y acepté el puesto con el salario mínimo. Sentía que otra cosa estaba por empezar, otra fase vegetativa iba a tener comienzo. Esta vid estaba lista para otro ciclo vegetativo. Vendí la tienda, dejé la universidad y empecé nuevamente.

Comienzo a trabajar entonces como *brand manager* en Méndez & Co. Era el primer *sommelier* en entrar a una compañía de importación y distribución de vinos y licores. Rápidamente, lo que había aprendido y madurado en mis años de *sommelier* y como dueño de restaurantes me sirvió de mucho. Y aunque no había estudiado mercadeo, mi preparación y mis ideas resaltaban dentro del grupo. También tenía el liderazgo de haber manejado empleados por tantos años y todos los conocimientos comerciales idóneos para poder desarrollar proyectos para Méndez & Co. Además, sabía de vinos y en aquel momento era el único *sommelier* en Méndez. Todas estas características me llevaron rápidamente a ser gerente de mercadeo y sucesivamente, director de la división de vinos.

Mucha gente pensó que no iba a durar mucho. Un arquitecto que en Puerto Rico fue siempre un *decision maker*, dueño de sus restaurantes, no iba a aceptar la estricta jerarquía de una compañía familiar con más de cien años de historia. Pero la gente que me criticaba solamente conocía mi corteza. Nadie sabía sobre la capacidad de adaptabilidad que había desarrollado desde que estaba en Testaccio.

Todas las miles de variedades de vides europeas tienen diferentes capacidades de adaptarse a un terreno o a condiciones climáticas particulares. Por ejemplo, la *Pinot Noir* es una uva que le gusta el clima fresco. Si bien la cepa *Pinot Noir* tiene su origen en la región francesa de Borgoña y Alsacia, esta uva hoy día se cultiva también en varias partes del Nuevo Mundo, como Canadá, Australia, Nueva Zelanda, Chile y en particular en Estados Unidos, que es el segundo país productor después de Francia. En Estados Unidos, Oregón es una de las áreas más importantes, junto con California, especialmente la costa de Sonoma, además de los condados de Monterey y Santa Bárbara.

La particularidad de esta uva es que forma parte de los tipos de uvas de clima frío o ciclo corto, o sea, de aquellas uvas que requieren menos tiempo de luz solar para su maduración. En Estados Unidos provienen de zonas de climas fríos y de suelos de origen marino, a diferencia de las originarias de Borgoña y Alsacia, que son de clima frío, pero de terreno continental. El clima frío hace que las uvas necesiten pasar más tiempo en la vid para llegar a su punto de maduración, produciendo frutos con menos azúcar y con más ácidos y dando vida a vinos con más extracciones, con un mejor y vibrante componente cromático y con un increíble espectro de sabores y de aromas. El frío con el que convive la planta a lo largo de su ciclo madurativo genera un desafío para el proceso productivo y solo con esfuerzo humano y tecnología se logra obviarlo.

Hay que recordar que la *Pinot Noir* tiene una piel muy sutil y esta característica la cataloga como una uva muy delicada y difícil de trabajar, tanto en el viñedo como en la bodega, sobre todo en la fase de extracción de las sustancias colorantes durante la maceración y la producción del vino.

A diferencia de la *Pinot Noir*, la *Cabernet Sauvignon* que es una de las uvas tintas más conocidas del mundo, crece en casi todas las grandes zonas vitivinícolas y se adapta a casi todos los climas. Su popularidad se debe a menudo a su fácil cultivo, porque la uva tiene una piel gruesa y las vides son naturalmente de bajo rendimiento y buena concentración. Brotan tarde y tienen resistencia a la pudrición y a los insectos. Además, ofrecen unas características consistentes en sabores y aromas típicos que expresan el carácter de la variedad de manera inconfundible. Su popularidad y su expansión han contribuido a que la uva sea fuertemente criticada por los productores más tradicionales y por eso suelen llamarle "la uva colonizadora", por conseguir su espacio y expandirse a expensas de las variedades autóctonas de los lugares históricos productores de vino.

Es una uva con gran adaptabilidad, así como la *Chardonnay* que es la uva más plantada en el mundo. Es una variedad que crece muy rápidamente y no da muchos problemas, al igual que la *Cabernet Sauvignon*. Esta representa al hijo autosuficiente que todos los padres sueñan tener. Se adapta a distintos climas y a distintos terrenos y si existiese una competencia por sobrevivir, en honor a Darwin, ella sería la ganadora por excelencia.

Dependiendo del clima y de la tierra en la que esté plantada, tiene una expresión distinta y ofrece vinos totalmente diferentes. Por ejemplo, *Chablis*, donde el clima es frío, da vinos delicados y perfumados; mientras al calor de California da vinos grasos y más estructurados. Es una variedad que no se destaca por sus notas vegetales y florales, sino más bien por sus sabores frutales. Tiene una buena sinergia con las barricas de roble francés y americanos que en conjunto a la fermentación maloláctica, (proceso por el cual la uva transforma el ácido málico en láctico), resta acidez en el vino inicialmente bastante ácido, y les da unos aromas a lácteos, mantequilla y pastelería bien agradables, además de darle densidad y cuerpo al paladar.

SAUVIGNON BLANC	ALBARIÑO	CHARDONNAY
FALANGHINA	PINOT GRIGIO	GLERA
MALBEC	SANGIOVESE	PINOT NOIR
GARNACHA	NEBBIOLO	CABERNET SAUVIGNON

Me sentía como la *Cabernet Sauvignon* o como la *Chardonnay*. Había encontrado nuevamente mi hábitat. Crecía paulatinamente todos los años y el vino que se iba haciendo espacio en Puerto Rico entre los consumidores, invadiendo los anaqueles de los supermercados, de los clubes discount, de las farmacias y de todo tipo de restaurantes, me iba dando seguridad y fortaleza. Me sentía sólido, con una fase vegetativa asombrosa; estaba produciendo sin parar, pero me faltaba algo.

Como dije, cuando la planta empieza su fase vegetativa y desarrolla los pámpanos y los sarmientos, también produce las flores y estas, a menos que haya algún problema climático, se fecundan y dan vida al fruto, dan vida al racimo de uva. El racimo es al comienzo verde y cada grano de uva es una bolita pequeña, dura y llena de ácidos. Alrededor del mes de mayo-junio (me refiero a los viñedos que se encuentran en el hemisferio norte) la planta deja poco a poco de estar detrás de su fase vegetativa. Deja de producir pámpanos y sarmientos, deja de producir hojas, deja de crecer y treparse; y se dedica enteramente a madurar el fruto. Así que pasa a la fase de envero, donde cada uva se hincha, se agranda, adquiere azúcares en su pulpa que aumenta de volumen, se reducen los ácidos, para llegar aproximadamente ciento veinte días después de la fecundación a la maduración del fruto. Ella no lo sabe, pero el agricultor que la cuidó durante todo su ciclo sabía que con ella hará el mejor vino.

Así me pasaba a mí. Los agricultores don Giulio y doña Germana, que me habían cuidado cuando estaba en Testaccio, hicieron lo que pudieron hacer dadas las circunstancias y el entorno. Pero desde que me mudé a Puerto Rico, sentí que un agricultor más poderoso y grande me había tomado bajo su protección. Él me podaba al final de cada ciclo vegetativo, cortaba las ramas que ya no servían y me preparaba para un nuevo ciclo.

Crecí cristiano católico y tengo que ser honesto. Especialmente en Roma donde está el Vaticano, se vive con cierta desconfianza y titubeo respecto a la Iglesia, entendida como institución. En otras palabras, es difícil creer en Dios representado por unos hombres uniformados y disfrazados de seda, que se mueven con chofer y en maquinones de más cien mil dólares cuando uno es obligado a moverse en un carro chatarra.

El *Autobianchi* A112 fue mi primer carro, destinado al *junker* y que mi padre rescató por *cinquanta mila lire* (equivalente a unos cincuenta dólares de ahora). Es difícil convivir en la misma ciudad y compartir las mismas carreteras, cuando veía cómo mi papá regresaba cansado y sucio del trabajo todos los días para poder tener un trapo de vida decente y permitirme estudiar. Mientras existe una población que vive sin hacer prácticamente nada, maniobrando y orquestando una filosofía de vida, sacándole dinero al creyente para subsistir.

Vivir y ver este dualismo lleva, inevitablemente, a creer menos en la Iglesia. Sigues creyendo en Dios, pero no crees y no puedes creer en el circo que te desfila a diario ostentando su riqueza por dondequiera. Así que te vuelves refractario a todas las manifestaciones litúrgicas, pero aun así sigues sintiendo que algo existe.

Este agricultor maestro de todos los maestros existe y decidió de alguna manera protegerme y hacerme desarrollar, para llegar a producir mi fruto que finalmente entendí… es la felicidad.

La fase de envero es una fase delicada. Es cuando la uva toma su carácter, su color y todas las características que la distingue de los otros tipos de uvas. Ya hemos visto que hay unos cuantos enemigos que amenazan el desarrollo del fruto. La filoxera ya no es un problema. Ya esto se resolvió con las raíces de la uva del Nuevo Mundo que funcionan de portainjerto. Ahora el problema son los hongos. Estos pueden desarrollarse y arruinar el fruto si hay una acumulación de humedad y poca ventilación alrededor del racimo de uva. Hay que exponerlo más al sol y al viento. Por ende, el agricultor tiene que intervenir y quitarle las hojas de alrededor. Pero haciendo esto también lo expone a otros peligros. Al verse el fruto desarrollándose, cambiando de color y cargándose de azúcar, es automático que se transforme en un objetivo para muchos insectos y pájaros. Es suficiente que pinchen unos cuantos granos de uva para comprometer todo el racimo y no hacerlo apto para la producción de un buen vino.

El maestro agricultor, en un nuevo ciclo vegetativo que duró catorce años, me puso en el camino a una mujer estupenda, artista y soñadora; su nombre italiano me cautivó desde el comienzo...Stella. Ella no parecía ser una puertorriqueña, más bien parecía europea, dulce, pero con carácter fuerte. Con Stella procreé mi fruto, mi hija Alexa Giulia.

Mi hija es una niña que posee unas cualidades fantásticas. Tiene la ternura y el arte de su mamá, la agudeza de sus abuelos Giulio y Felipe y la determinación de sus abuelas Germana y Estela. De mí probablemente tiene las ganas de superarse y, definitivamente, la curiosidad. Ese motor inmenso capaz de hacerte realizar hasta lo imposible.

Hace años que me repito constantemente que "*la curiosidad es la gasolina del cerebro*". Este es mi *motto* y lo que quise y quiero es que Alexa lo entienda y se apodere de la esencia de este *motto*. Hay que ser curioso y querer aprender y saber de todo para poder evolucionar, para poder entender a los demás y sobre todo, para tener empatía. La empatía, otra palabra grande y bella. Esta intención de comprender los sentimientos y emociones, intentando experimentar de forma objetiva y racional lo que siente otro individuo. La empatía hace que las personas se ayuden entre sí. Estrechamente relacionada con el altruismo, amor y preocupación por los demás. La curiosidad y la empatía son para mí los nutrientes indispensables para nuestra vid. Y así quiero criar a mi hija.

La fase de envero es similar a la adolescencia, solo que mientras el envero dura tres meses, la adolescencia, según la Organización Mundial de la Salud, dura alrededor de unos nueve años (desde los diez hasta los diecinueve). Ahora mismo ella está a mitad de camino, así que en la medida que se expone a la vida, hay también que tratar de seguir protegiéndola.

Todavía estoy lejos de producir mi vino y el segundo divorcio cierra otro ciclo en mi vida, pero este no culmina del todo ya que de alguna forma me mantiene presente en la vida de Alexa.

Es difícil no estar con ella todos los días, ni estar listo para intervenir si surgiera algo imprevisto. Al fin y al cabo soy una planta, pero también soy agricultor, como lo fueron mis padres conmigo.

El trabajo del agricultor es cuidar su viñedo y sus plantas. En un ciclo vegetativo el agricultor interviene unas cuantas veces en la conducta del viñedo y, entre muchas otras tareas que permiten modificar el hábito de crecimiento natural de la cepa, también la respeta y la adecúa a sus necesidades.

Cuando llega el invierno, por ejemplo, ese momento se conoce en el viñedo como parada vegetativa. En ese periodo la planta está en su fase de descanso, tiene pocas hojas como si estuviera exhausta, tiene los pámpanos secos, los sarmientos se lignifican un poco. En otras palabras, la planta está viva, pero es como si estuviera durmiendo. Esa parada vegetativa abarca desde mediados de noviembre hasta finales de febrero para los viñedos del hemisferio boreal, y entre mayo y agosto para todos los viñedos del hemisferio austral. Durante este período, que coincide con el ciclo más frío del año, se realiza la poda más intensa del viñedo: la poda de invierno.

La poda de invierno es una de las tareas más importantes en el viñedo. Además de mantener pequeño el esqueleto de la planta, consiste en la eliminación de las ramificaciones de la cepa con el propósito de evitar que crezca de forma descontrolada y permitir como resultado final una mejor producción (cualitativa o cuantitativa, según los objetivos del cultivo) y acceder de un modo sencillo a sus frutos cuando estén maduros.

Durante todo su ciclo anual, el viñedo necesita que se le hagan diferentes cortes para conseguir darle forma, mejorar la salud, vigor y rendimiento adecuado. Durante la parada vegetativa entonces las manos sabias del agricultor cortan todas aquellas ramas inútiles para dejar solamente una o dos, las que están mejor posicionadas, las que se ven mejor, las más sanas. Cada rama puede tener de tres a máximo una docena de yemas (esto depende del tipo de poda que se va a efectuar). Estas yemas se desarrollarán durante el futuro ciclo para producir el número correcto de flores y de racimos y así llegar a madurarlos correctamente.

La capacidad de la planta depende de diferentes factores, unos internos como la variedad, la edad y la salud de la planta; otros externos como el clima, el subsuelo y las prácticas de manejo del viñedo.

Exactamente es la poda, entre estas últimas, una de las prácticas de mayor influencia en la cantidad y calidad de la uva. Por lo tanto, está en manos del agricultor saber elegir el sistema de poda más adecuado a cada variedad para lograr producciones que sean económicamente rentables.

Existen diferentes tipos de poda: *sylvoz*, *guyot* (simple, doble, triple y cuádruple), *cazenave*, *en vaso*, *en pérgola*, *en cortina*. Cada una, como ya expliqué, tiene un propósito en función de la uva, del microclima y de la composición del terreno.

Poda en Cordón

Poda en Sylvoz

Poda en Vaso

La poda *en vaso* es la más extendida y la que tradicionalmente se utiliza en España. Permite un alto rendimiento y una buena maduración, pero, sobre todo, al no necesitar una estructura de apoyo, requiere poco mantenimiento y poca inversión.

¡Yo creo que fui criado *en vaso*!

La poda *guyot* es un sistema cuyo objetivo es aumentar el rendimiento de aquellas plantas que producen pocos racimos. La poda *sylvoz* y la *pérgola* consisten en dejar crecer libremente los brotes, colgando hacia abajo, haciendo más fácil el trabajo de recoger las uvas maduras.

En fin, cada agricultor decide cómo criar sus plantas. Mientras tanto sigo en lo que sé hacer, sigo viviendo y creando ciclos vegetativos.

La vida de la vid dura más o menos como la de un ser humano. Su *peak* está entre los treinta y cincuenta años de edad. Puede llegar a los ochenta y hasta superar los cien años. Con el tiempo empieza a producir menos, pero también es cierto que cada vez que produce las uvas son más concentradas y de mejor calidad.

A los cincuenta años uno se siente como si las raíces llegaran al centro de la tierra. El tronco está retorcido, pero es fuerte y es capaz de superar cualquier adversidad: lluvia, granizo, helada, fuego. La planta adulta va a sobrevivir a todo y cada año sigue produciendo sus pámpanos y sus sarmientos. Cada año produce sus racimos de uva. Es como si quisiera transferir y perpetuar la esencia de lo que ha vivido en los frutos, para que pudiesen pasar a una botella de vino y contagiar positivamente a todos los que beban de ella.

Transformar esta energía, esta esencia en un vino es otra operación maestra. Una vez más las uvas llegan a su punto de maduración y se hace la vendimia. El ciclo de mi segundo matrimonio había durado catorce años y pequeños ciclos se habían desarrollado adentro de este mismo periodo.

LOS CICLOS BIOLÓGICOS
IV

Le había comprado a la viuda Aura Rivas, a quien cariñosamente llamaba tía, el edificio en la Calle del Cristo en el Viejo San Juan que fue la galería de arte de mi tío político Luigi. Viví en este edificio histórico por seis años y me sentía casi como si estuviese en el centro histórico de Roma. Paseaba a mis perros todos los días, a veces hasta dos veces al día, por el Castillo de San Felipe del Morro, conocido simplemente como "el Morro".

Esta ciudadela española construida en el siglo XVI me hacía sentir en casa, protegido por las murallas antiguas como las de mi ciudad natal, en donde algunas ruinas estaban a cincuenta metros de distancia de mi casa en Testaccio.

Este lugar me daba paz. Allí recargaba mis baterías. Todos los días, cuando llevaba a pasear a mis perros al Castillo San Felipe del Morro, me encantaba pasar frente al Polvorín Santa Elena (era el edificio donde se guardaba la pólvora y las balas para los cañones, exactamente por debajo a la izquierda del mismo Morro) subir y sentarme a meditar donde antiguamente estaba el cañón Ordóñez. Era una plataforma de hormigón conocida como la Batería Santa Elena, donde estuvo instalado este cañón manufacturado en España y traído aquí para proteger la entrada a la bahía de San Juan. El cañón Ordóñez se utilizó como defensa ante el ataque norteamericano en la Guerra Hispanoamericana, iniciada con la invasión del 12 de mayo del 1898, y ahora se encuentra en la Universidad de Puerto Rico, para que profesores y estudiantes puedan hacer sus estudios y prácticas de preservación histórica.

Sentado allí, mirando el océano y la boca de la bahía, me gustaba transportarme y pensar que sobre esta plataforma hubo algo que había sido concebido y posicionado en ese mismo espacio, para proteger y defender esta tierra.

De alguna extraña manera me hacía sentir parte de San Juan. Tenía una particular sensación de querer hacer algo grande por esta misma tierra que me había profundamente adoptado. Es como si se fueran formando unas yemas latentes para estar listas en el momento adecuado. Algo estaba naciendo, pero lo descubrí unos cuantos años después. Allí de noche veía pasar los cruceros que lentamente entraban a la bahía y llegaban a San Juan.

Vivir en el Viejo San Juan ha sido una experiencia increíble. Respiraba la historia y vivía el arte, encontrándome en el *Café Cuatro Estaciones* con todos los artistas que habían trabajado con y para mi tío Luigi. Envidiaba a aquellos grandes artistas como Teo Freytes, Charles Alvarado y Jorge Zeno, que sabían conformarse con poco y cada día siempre aprendía algo de ellos. Sentía una conexión con ellos y no sé si fue por mis estudios de arquitectura o porque trabajaron con mi tío, pero había algo mágico que me cautivaba y me hacía ir todas las tardes allí y tomarme un café con ellos.

Realmente ahora percibo que mis raíces estaban penetrando y absorbiendo la cultura y la esencia de Puerto Rico.

El Cañón Ordóñez

Cuando me caso con mi segunda esposa decido vender el edificio y cerré un breve ciclo del cual hoy me arrepiento. Sin embargo, me permitió realizar otros proyectos que estaban en mi lista invisible de cosas por hacer.

Con el dinero de la venta del edificio pude comprar la casa de mi mamá, en Testaccio. Era su sueño, ser dueña de aquel apartamento donde había crecido con sus papás, donde había vivido con su marido y había procreado dos muchachos.

De alguna forma sentía que ella había renunciado a realizar este sueño, porque nunca tuvo el dinero o se dio cuenta que nunca hubiera podido tenerlo para comprarla. Es como si se hubiese aplicado una poda verde, renunciando a algo para concentrarse en alimentar y crecer sus dos racimos ¡Pero yo ahora sí podía comprarla!

Doña Germana, mi mamá

Doña Germana

El Instituto Autónomo de Casas Populares periódicamente propone a los inquilinos adquirir las propiedades donde ellos viven, especialmente las que se encuentran en áreas más céntricas, a precio rebajado, con el propósito de recaudar fondos y construir edificios nuevos en áreas más periféricas.

Esta maniobra es muy usada en Europa para desarrollar los centros históricos de las ciudades, mantenerlos activos y sobre todo hacer crecer sus valores y delegar parte de la responsabilidad económica de los gastos de mantenimiento de los edificios para poder construir a bajo costo afuera. De esta forma el gobierno puede seguir ayudando a las familias que tienen menos recursos económicos, mientras el centro aumenta su valor e importancia. De hecho, me sorprendió ver que en Puerto Rico, como en muchas ciudades de América Latina, es exactamente lo contrario. Las personas con más recursos viven en la periferia y dejan el centro urbano tapizado de caseríos mal hechos y poco funcionales.

Graffiti en Testaccio, La Loba Luperca, símbolo de Roma. Según la mitología romana amamantó a Rómulo y a Remo, fundadores de Roma.

Siguen haciendo eco en mi cabeza las palabras de mi madre cuando le regalé la casa: "Me hiciste el regalo más bello de mi vida". Así que, con esto en la mente y en el corazón, no estaba arrepentido en aquel momento de haber vendido el edificio del Viejo San Juan. Al contrario, me pareció haber logrado devolver a mi madre una migaja de todo aquel amor inmenso que por tanto años me había ofrecido. Cerré este pequeño ciclo y me dediqué a complacer otro sueño ... ¡producir un vino mío!

Había aprendido tanto del mundo vinícola que lo que me faltaba era tener un proyecto mío y producir un vino de verdad. No es una cosa rara. Es el sueño de casi todos los *sommeliers*. Después de tantos años trabajando en restaurantes y atendiendo a miles de clientes, abriendo miles de botellas y probando miles de vinos, es normal que surja este deseo. Es como que, al conocer tanto, sabes qué tipo de vino quieres hacer y cuáles deberían ser sus características para que estés orgulloso de él y para que guste a la mayoría de la gente. Así que se me acercó otro tren con otra oportunidad.

Mi querido amigo Emmanuel Kemiji, doceavo *Master Sommelier* de la *Court of Master Sommeliers* y productor de la marca *Miura*, que produce entre los mejores *Pinot Noir* de California, me propone entrar como socio de un proyecto en Priorat.

¿Yo... producir un vino de verdad? Había empezado a soñar este momento desde hacía unos cinco o seis años, pero nunca había tenido el dinero suficiente. Ahora que podía invertir algo, finalmente se me había dado. Viajé unas cuantas veces a España para conocer a los otros socios, conocer a la enóloga Maruxa Roel, al agricultor Ramón, a ver los viñedos y, en particular, ver el pedazo de tierra que había adquirido.

La bodega no estaba todavía construida, había que construirla, pero ya se había registrado la marca, *Clos Pissarra*, en honor a su terreno.

Primer muro de la bodega *Clos Pissarra*

Con mi amigo y socio Emmanuel Kemiji, 12avo Máster Sommelier de los Estados Unidos, mirando las laderas del viñedo.

Mientras tanto, empezamos a producir unos vinos utilizando las facilidades de una bodega cercana. El suelo era árido y compuesto, por supuesto, de pizarra, conocida localmente como *"licorella"*. El viñedo era de *Garnacha* y tenía unos cincuenta años, mientras otro pedazo de tierra era plantado de *Cariñena* y tenía unos venticinco años.

Quería hacer un vino que tuviese algo de mí, de mi vida, de mi historia. Estaba tan emocionado de concretar este proyecto que invité a mi hermano a unirse con nosotros, casi conmemorando los ventiocho años que dormimos juntos uno al lado del otro. De hecho, fue gracias a él que logramos dar el nombre a nuestro vino. Recuerdo preguntarle "al ingeniero de Testaccio" si lograba saber dónde estaba el norte. Mi hermano, después de una consulta a su reloj multifuncional, levantó el brazo frente a su nariz y dijo: "Allí". El *Master Sommelier* me miró no muy satisfecho con la contestación. Yo, mirando el sol y viendo la hora, tampoco estaba convencido. Entonces mi hermano da un giro de ciento ochenta grados y repitiendo la consulta levantó nuevamente el brazo frente a su nariz y otra vez dijo: "Allí". En aquel momento él tampoco creía ya en su reloj. Se viró esta vez solo noventa grados hacia su derecha y otra vez indicó la dirección frente a su nariz. Después de un momento de silencio, comenzamos a reírnos los tres. Nos dimos cuenta de que la brújula del reloj no funcionaba y finalmente decidimos, mirando la colina que habíamos comprado, que ya no queríamos saber dónde estaba el dichoso norte, pero ya teníamos claro el nombre del vino… ¡nuestro vino se iba a llamar *El Nord*!

Viñedos de Clos Pissarra

Este nombre tenía un significado especial, porque en catalán el norte se dice el *Nord* y también en italiano se pronuncia así... *Nord*. Además que nuestro vino tenía la presunción de indicar la verdadera dirección que todos los productores de vinos deberían seguir al momento de producir un vino.

Yo no participaba tanto de la parte agrícola del proyecto, más bien en conjunto con Emmanuel decidí hacer un *blend* 50-50 de las dos uvas típicas que estábamos cultivando: garnacha y cariñena.

Una de las pruebas más interesantes en la que participé fue cuando catamos los vinos dejados unos doce meses en barricas francesas diferentes. Pude probar y experimentar con mi propio paladar cómo los vinos iban creciendo y formando sus caracteres, se iban haciendo grandes con sus aromas, sus *bouquet* y sus sabores y cómo cambiaban según el tipo de barricas que se usaban.

Barricas de *Clos Pissarra*

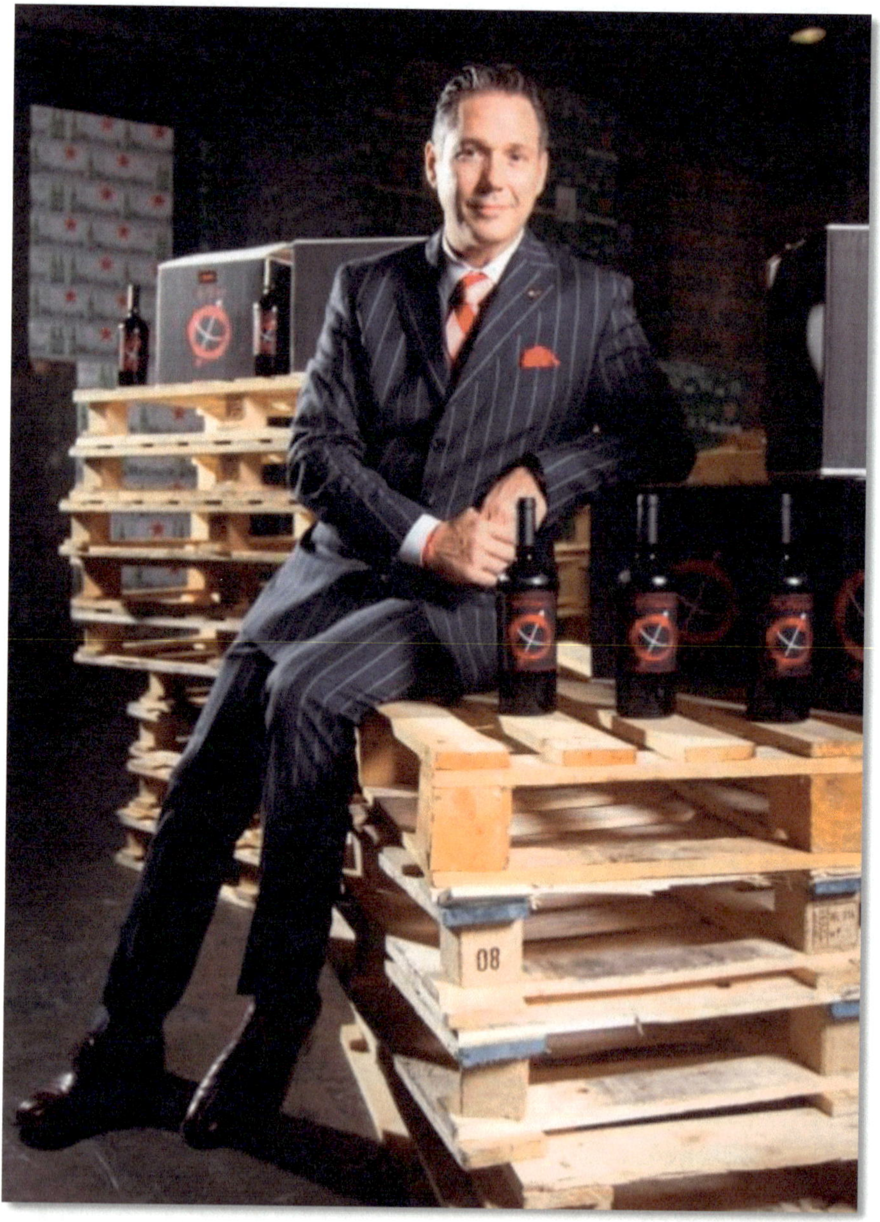
08

La barrica o *barrique* en francés, es un contenedor de 225 litros (300 botellas – 25 cajas de 12/750ml) hecho en madera que normalmente es roble. Los diferentes tipos de roble, en combinación con su tostado y el volumen del recipiente, crean una amplia paleta de matices con los que trabajan los enólogos y *sommeliers* para llegar a producir los mejores caldos.

La diferencia en el tamaño de los poros de la madera generalmente se traduce en que la barrica americana transmite sus cualidades al vino en menor tiempo, pero menos sutilmente, mientras que la francesa lo hace con mucha más lentitud, pero ofrece al vino mayor delicadeza y elegancia.

A grandes rasgos, el roble americano aporta pocos taninos y notas de coco, cacao, café, vainilla y sabores dulces; mientras el roble francés cede más taninos y destaca los frutos secos, miel, tabaco, especias y sensaciones balsámicas.

Además del tipo de madera, cada productor puede aplicar tratamientos diferentes tanto para el «curado» de la madera como para su «tostado» y eso también repercute en los sabores finales del vino.

Decidimos entonces utilizar una barrica francesa para la garnacha y otra barrica, francesa también, pero de otra marca, para la cariñena. Faltaba esperar unos meses más y embotellar, mientras tanto había que trabajar en el vestido de *El Nord*.

Una botella importante y oscura, de hombros altos, un corcho sólido y una etiqueta que tenía que reflejar la esencia del proyecto. Teniendo el arte de Puerto Rico en el corazón, le pido al gran artista ponceño Wichie Torres (QEPD) la encomienda de diseñarme la etiqueta. Me encantaban sus obras: sus Quijotes, los abstractos, los peces, los triángulos, las peleas de gallos y los flamboyanes. Había conocido a Wichie unos años antes, cuando colaboré con Méndez & Co. para abrir *La Bodega* en Ponce, una tienda al detal, especializada en vinos y licores, como la de Guaynabo, pero mucho más grande e imponente. Una vez abierta, *La Bodega* se transformó en el sitio donde al maestro Wichie le gustaba pasar un buen rato probando vinos que no conocía y ampliando su amor y pasión por el vino. Sobre todo, me capturaba el hecho que el maestro había tenido dos trasplantes de corazón; para mí, era como mágico hablar con él y compartir sorbos de vinos, mientras me decía que se lo había ordenado su cardiólogo.

Me gustaba de vez en cuando visitarlo en su estudio; una casita modesta llena dibujos y cuadros amontonados en todas las esquinas y de latas de pinturas abiertas en el piso. Me explicó que dejaba las latas abiertas para que se secaran las superficies y las pinturas tuviesen más textura al momento de aplicarlas con sus mágicas espátulas. El maestro me regaló tres cuadros, que no utilicé, para una simple etiqueta y que hoy duermen felices en mi casa de Guánica, cerca del mar y que me conectan con él cada vez que los miro.

Terminé, yo mismo, diseñando la etiqueta de *El Nord*: un círculo rojo trazado con dos brochazos sobre un fondo negro y una flecha blanca que lo atraviesa de abajo hacia arriba, como si fuese el eje de la tierra.

Foto lanzamiento de El Nord [cortesía de *Magacín*]

El proyecto de *Clos Pissarra* había sido exitoso y hoy sigue produciendo vinos de alta envergadura. Cada vez que los presento y los tomo, siento una satisfacción inmensa, aunque ninguno de los siete socios se hizo rico con este proyecto.

Después que salieron las primeras cosechas, sentía todavía que me faltaba algo. Había aprendido algo de Emmanuel, de Maruxa y de Ramón, pero lo que aprendí quería aplicarlo en algún proyecto aquí en Puerto Rico, la que era mi nueva tierra.

Mientras el ciclo de *El Nord* seguía todavía activo, comencé otro ciclo que fue como un nuevo reto para mí. Me obligó a estudiar y a prepararme muchísimo sobre la materia, porque como *sommelier*, pensaba que sabía, pero realmente no sabía nada…estoy hablando del café.

LOS CICLOS BIOLÓGICOS
V

Es cierto que los *sommeliers* estudian todas las bebidas y toda la comida que se pone sobre la mesa. Pero, obviamente, los estudios enfatizan más en la enología y dejan un poco atrás algunos productos, especialmente aquellos que no son producidos en la tierra donde uno se encuentra. En otras palabras, en Italia es cierto que hay un gran consumo de café y, de hecho, las marcas internacionales más conocidas y famosas vienen todas de allí. Pero los italianos, que ostentan el hecho de haber inventado la máquina *espresso*, realmente no cultivan ni una sola planta de café y, por ende, hay mucho, pero muchísimo desconocimiento sobre esta bebida.

El mundo del café es un mundo paralelo al mundo del vino, solo que el café es hoy sin duda, una de las bebidas más populares y la más consumida del mundo. Sin embargo, no fue siempre así. La realidad es que en el hemisferio occidental la popularidad del café se debe en gran medida a la iglesia y más en específico al papa Clemente VIII, en el siglo XVI. No es que el café no existió hasta el 1500, ya desde el 800 se consumía gracias a unos pastores musulmanes que habían notado que cuando sus ovejas comían los frutos de este arbusto, eran más activas y energéticas. Al poco tiempo, los clérigos islámicos aprendieron a cultivar la planta y a preparar la bebida, que rápidamente se difundió en todo el mundo musulmán.

Cuando el café llegó a Europa, al ser la bebida favorita de los musulmanes, fue rápidamente rechazada por la iglesia cristiana y fue considerada la bebida del diablo; fue llamada "la bebida de Satanás". Hasta que un día, la historia cuenta, le llevaron al papa Clemente VIII una buena taza de café caliente. Después de tomar el primer sorbo, se comenta que el papa dijo: "Esta bebida del demonio es tan deliciosa que deberíamos engañar al diablo bautizándola". Desde aquel momento el café fue aceptado por la religión cristiana y empezó a difundirse por todo el mundo.

Mientras estudiaba la historia del café de Puerto Rico, aprendí que el café llegó al Caribe, precisamente a Martinica, de manos de los franceses. Pero antes de ellos, fueron los holandeses alrededor del 1616 los primeros en establecer unos cafetales en Indonesia. De allí en el 1706 llevaron plantas de café desde Java a Amsterdam. Desde Amsterdam llegó al Caribe y en el 1715, un noble de Amsterdam le regaló una al rey Luis XIV de Francia, quien mandó plantarla en un invernadero del *Jardin Des Plantes* de París. Los franceses, deseosos de entrar en el comercio del café, compraron semillas y trataron de plantarlas en la isla de Reunión en el océano Índico, pero de aquellas semillas solo se dio un árbol.

Finalmente, de aquel árbol, unos años después, en 1721 se sembraron casi 20,000 semillas, logrando plantar un cafetal. Estos árboles de café se consideraban tan importantes y valiosos que el dañarlos se castigaba con la pena de muerte. Los franceses, al ver crecer el *business* del café, también quisieron establecer plantaciones en el Caribe, pero sus dos primeros intentos no tuvieron buenos resultados.

El oficial de la Marina francesa, Gabriel Mathieu De Clieux, se encargó de llevar personalmente a su propiedad en Martinica un ejemplar del cafeto. En mayo de 1723 partió desde París hacia la isla con un tallo del árbol obtenido de un retoño de la planta original que había llegado a Amsterdam. Para el viaje De Clieux colocó su preciada planta en una caja hecha en parte de cristal para que pudiera dejar pasar la luz del sol y conservara el calor en los días nublados (explica William H. Ukers en su libro *All About Coffee*, en un episodio considerado el más romántico en la historia de la propagación de la planta del café). Se cuenta que uno de los tripulantes, que envidiaba a De Clieux y no quería que este disfrutara de la grandeza que le daría el éxito de haber llevado café al Caribe, intentó robarle la planta, pero no lo logró.

Además de sobrevivir a este ataque, el tallo también sobrevivió a una violenta tempestad y a lo peor de todo: la escasez de agua que se produjo cuando el barco quedó inmóvil en la zona de calma ecuatorial. De Clieux escribió: "El agua escaseaba de tal manera que durante más de un mes me vi obligado a compartir mi pequeña ración con la planta en la que había depositado todas mis esperanzas y que era la fuente de mi alegría."

El empeño de De Clieux se vio recompensado cuando su precioso tallo llegó a Martinica vivo y en condiciones idóneas para echar raíces en el clima tropical. Partiendo únicamente de esta planta, Martinica proveyó semillas, de forma directa e indirecta a todos los países de América y Centro América.

Es entonces cuando finalmente en el 1736 el café llega a Puerto Rico. Empezó en Coamo y después se difundió por toda la cordillera, especialmente en los municipios que hoy son los de Utuado, Yauco, Adjuntas, Maricao, Las Marías, Lares, entre otros.

Pronto el café de Puerto Rico se dio a conocer y llegó a ser reconocido como uno de los mejores cafés del mundo, a tal punto que fue llevado a la Santa Sede en Roma como regalo.

El paso de los huracanes San Ciriaco en el 1899 y San Felipe en el 1928, crea, sin duda, un punto sin retorno a la carrera al éxito del café puertorriqueño, especialmente al café de alta calidad destinado a las exportaciones. La destrucción de los cafetales, de las estructuras procesadoras, la falta de mano de obra (que migró a otros cultivos más rentables), las deudas impagables de los grandes productores cambiaron el escenario comercial y poco a poco se vio caer la importancia del café boricua en el mercado, sustituido por emergentes productores y exportadores como Brasil y Cuba.

Una política de subsidio trató de mantener a flote el negocio de la exportación, pero en el 1969 se eliminó tal subsidio y esto marcó definitivamente su fin después de 210 años de haber rendido beneficios netos a la economía del país.

Un incentivo a los agricultores que quedaban, para que cambiasen su sistema de cultivo de sombra y semisombra a cultivo al sol (produciendo más cantidad y menos calidad), más la importación de café de tercera, para cumplir con el consumo interno, acabaron de dar el golpe final a la industria cafetalera en la isla.

Con lo que había aprendido con *Clos Pissarra*, con mis estudios de *sommelier* y con el motor infinito de mi curiosidad, me sentía listo para enfrentar otro proyecto, otro ciclo vegetativo. Pero, antes de entrar en otro ciclo, tenía que aprender algo más. Tenía que saber cuál tipo de producto quería producir y para esto tenía que conocer los grandes cafés del mundo.

Así que realicé viajes específicos para aprender otras realidades. Fui a Bali para ver cómo eran los cafetales allí y probar personalmente el famoso *Kopi Luwak*. El *Kopi Luwak* es un café descubierto en Indonesia que se caracteriza por ser extraído del excremento de un animal llamado *luwak*. Se trata de un café orgánico y de excelente calidad y el nombre *Kopi Luwak* hace referencia a la extracción del grano, no al tipo de grano. Es el *café de excremento*, pero puede ser *robusta* o *arábica*. La palabra *kopi* significa café para los lugareños de Indonesia, mientras *kuwak* es el animal, conocido como civeta, muy parecido a un gato y que se come la fruta del cafeto.

La historia del *Kopi Luwak* se remonta al tiempo de la ocupación colonial holandesa en Indonesia. En la colonia los granjeros y trabajadores locales tenían prohibido cosechar café e incluso acercarse a las plantaciones de cafeto. Hay que decir que, como es en la mayoría de los casos, el descubrimiento de algo así como el origen del Kopi Luwak fue fortuito, ya que fueron los campesinos locales quienes descubrieron los granos en el excremento.

Era este *luwak* que comía las cerezas del café sin digerir los granos y esos granos resultaron ser de mayor calidad que los cosechados por el ser humano, mejorando significativamente la bebida.

Esta es la parte bonita del cuento, donde se habla del café orgánico, donde se habla que la civeta hace instintivamente una selección del mejor fruto en su punto de maduración exacta, y logra treparse y alcanzar los frutos de las zonas más altas del cafeto.

Se habla de una limpieza orgánica y natural, porque la civeta, además de digerir la cáscara de la grupa (cereza del café), digiere la pulpa. En los procesos de secado natural que se empleaban en el siglo XIX, los azúcares de la pulpa producían fermentación y hongos. Eran muy difíciles de controlar y alteraban notablemente los aromas y sabores del café. Al ser la pulpa del fruto digerida por el animal, se eliminan estos inconvenientes y se reduce drásticamente la acidez ofreciendo así una bebida final más balanceada y delicada.

Un sinnúmero de factores hace pensar que, en efecto, este es el mejor café del mundo y así lo hacen pagar, pero viéndolo en persona, me di cuenta de que no es exactamente así.

Para que todo esto se dé, el *luwak*, que es un animal solitario, nocturno y poco voraz, debe estar libre para elegir la cereza. ¡Y aquí está el problema! Es tanto el dinero que está en juego, que los productores afirman que la producción del *Kopi Luwak* sigue respetando la tradición, pero la realidad es otra: las civetas son enjauladas y se alimentan de cerezas recogidas por el hombre, algunas maduras, pero la mayoría en mal estado, fermentadas o, peor aun, verdes (sin madurar). En fin, lo que era un cuento raro, extravagante pero bonito, se transforma en una explotación innecesaria de los animales, donde otra vez el dinero tiene la voz cantante y provoca sufrimiento a los animales y engaña el consumidor.

Hay muy pocos productores que gozan de una certificación que protege y garantiza la originalidad del proceso. Después este modelo se trasladó a otros países utilizando elefantes y monos, produciendo el famoso *Black Ivory*. Hoy en día el café de excremento se produce en Sumatra, Bali, Java, Filipinas, Timor Oriental, Vietnam, el sur de India y Tailandia.

Personalmente no encontré el *Kopi Luwak* fabuloso. Esperaba una experiencia organoléptica diferente y sobre todo que justificase el precio altísimo que acababa de pagar. Esto de hacer digerir el café en la barriga de un animal y recoger sus excretas, me parece algo mucho más en línea con lo que hacían los prehistóricos hace más de dos mil años. Hoy en día deberíamos ser un poco más racionales, tener una mejor consideración por el medio ambiente y no auspiciar esta extravagancia teatral.

Otro café que quería probar era el de las Islas Galápagos en Ecuador. Había escuchado de un café endémico y me tiré a este archipiélago en el medio del océano Pacífico para ver cómo se hacía el café en este rincón del mundo, considerado símbolo mundial de la supervivencia de las especies. Y pensando en Darwin y viendo un panorama jurásico de tortugas gigantes de cuello largo, leones marinos, iguanas que nadan en el mar y pájaros de patas azul (llamados *boobies* o pájaro bobo), encuentro el café "endémico" que no era endémico para nada porque fue importado como en los otros países, con la sola diferencia que aquí la planta se adaptó a un clima diferente.

No pude ver el grano; vi solo el café molido…y la presencia de muchas pajitas y pedacitos de pergamino no prometía un producto de calidad, o por lo menos anunciaba un producto artesanal, pero poco cuidado en su elaboración.

Aquí el café es todo orgánico porque está totalmente prohibido utilizar pesticidas en todo lo que se cultiva en las islas.

El barista me ofrece una taza abundante y el aroma entraba por mis narices… ¡era *arábica* de la buena! Aquí mayormente se cultiva *bourbon* que desde el Caribe llegó a Panamá y sucesivamente a Ecuador.

Normalmente así cerca del la línea del Ecuador y por la baja altitud, uno pensaría que el café no puede ser de calidad, pero considerando la corriente oceánica de Humbodlt, de brisas marinas frías que mantienen la temperatura del suelo baja, además de un subsuelo totalmente volcánico y rico en sustancias nitrogenadas, el café se da muy bien y hasta se logra cosechar dos veces al año.

El sorbo era dulce con sabor a caramelo y una acidez intensa pero no agresiva que aportaba frescura.

Un café decididamente de mi gusto que me recordaba el sabor del café de Puerto Rico.

Local donde probé el café de las Galápagos.

Estación Científica
Charles Darwin
Research Station
10 min
650m

Así sigo mi viaje educativo en el mundo del café y llego a Colombia. Allí veo los cafetales de altura, bien empinados y pruebo el famoso *geisha* fermentado.

El café *geisha* no tiene nada que ver con los japoneses. Se llama así porque el café se recolectó originalmente en Etiopía, en una región cercana a una montaña, cuyo nombre se traduce comúnmente en inglés como *gesha*. En consecuencia, muchos en la industria del café han preferido rescatar y mantener el origen de esa palabra. Las semillas etíopes de esta variedad fueron llevadas a Kenya y más tarde a Tanzania; de ahí a Costa Rica en el 1953, para finalmente llegar a Panamá a principios de los años sesenta. Es exactamente el *geisha* cultivado en Panamá que gana el primer lugar en una competencia internacional de café y automáticamente se proyecta como uno de los cafés más importantes del mundo.

Gracias a esta fama, llega sucesivamente a Colombia, Brasil y Honduras. Y yo estaba exactamente allí, en Colombia, en la región de Huila, en el municipio de Timaná para probar ese café que tanto había conquistado a la prensa y a los paladares más expertos y exigentes.

Los árboles *geisha* crecen alto, se pueden distinguir por sus hermosas hojas alargadas. La calidad de este café mejora drásticamente cuando se cultiva en terrenos extremamente elevados. Pero la realidad es que la mayoría de los consumidores no poseen el conocimiento para entender el precio y la fama del *geisha*.

Algunos consumidores lo consideran demasiado suave para considerarlo café. Esto no es tan difícil de entender cuando estamos acostumbrados a un café hecho de un *blend* que está tostado de forma tal para realzar los sabores achocolatados y acaramelados y que consumimos la mayoría de las veces con leche, sacrificando muchas veces los aromas florales del fruto.

En la taza, el *geisha* despliega una agradable dulzura, claridad y un sabor brillante que puede variar desde bayas, cítricos, mangó, papaya, melocotón, piña, guayaba y jazmín. Pero el *geisha* que estaba probando era aún más diferente. Se trataba de un café fermentado que estaba lejos de esta descripción.

Degustación Café

La fermentación forzosa en un tanque de acero con CO_2, había conferido al café un sabor "vinoso" que lo hacía totalmente diferente de los cafés a los que estaba acostumbrado a consumir. Era como tomar una *Kombucha* y pensé que no era el camino que quería seguir en el proyecto en Puerto Rico.

Empecé entonces a analizar los errores que se cometían con mayor frecuencia en la producción de café en Puerto Rico; tanto en el campo, como en la filosofía de cultivo, en su elaboración y hasta llegar al tostado.

Esta vez no quise comprar ningún terreno. Simplemente me limité a hacer como hacen muchas bodegas de vinos en California, que compran las uvas de los agricultores aledaños a la bodega misma y procesan el vino. Compré a terceros el café de mínimo 2,500 pies de altura y lo mandé a seleccionar por tamaño, densidad, color; pedí que se tostara en *batches* separados. El nombre de mi proyecto se llamaba *AnimaNera* que en español significa Alma Negra, en honor al origen africano del café y también para resaltar que la homogeneidad de los granos seleccionados garantizaba un tueste perfecto.

AnimaNera no tuvo la presunción de ser un gran proyecto comercial. Más bien fue un reto para mi satisfacción personal y para demostrar que aquí en Puerto Rico hay todos los elementos necesarios para hacer un producto de excelencia... de *non plus ultra*. Que no sea fundamentado en el precio más bajo logrado con un café de mediocre calidad, mezclado la mayoría de las veces con un café peor (para mantener los precios bajos), importado desde México o República Dominicana.

El café de Puerto Rico debería ser 100% *arábica*, porque tenemos el clima perfecto para cultivarlo y por favor… ¡cero *robusta*!

La planta *arábica* y la *robusta* son dos variedades de plantas de café. El café *robusta* no es la variedad de café con más demanda en la industria. Es menos popular debido a su amargura y al alto contenido de cafeína. Se utiliza a menudo en el café instantáneo. Muchas veces se mezcla con *arábica* pues le proporciona más crema, pero sobre todo porque abarata los costos. La *arábica* es la preferida debido a que su sabor es más suave y equilibrado. Por otro lado, necesita unos cuantos requisitos específicos como: clima templado, altitudes, suelo rico y cuidado constante contra el frío y los insectos. Es una planta más delicada y produce menos granos de café. Por ende, cuesta más producirla, en comparación con la *robusta*. Me recuerda un poco la *Pinot Noir* versus la *Cabernet Sauvignon*.

En el sueño de devolver los esplendores de un tiempo pasado al café puertorriqueño, tenemos que aceptar que actualmente Puerto Rico produce menos de lo que consume. En otras palabras, hay que aceptar las mezclas con café que vienen de afuera, pero es importante mantener los niveles de excelencia de lo que producimos y es allí donde se nos cae la bola.

ROBUSTA

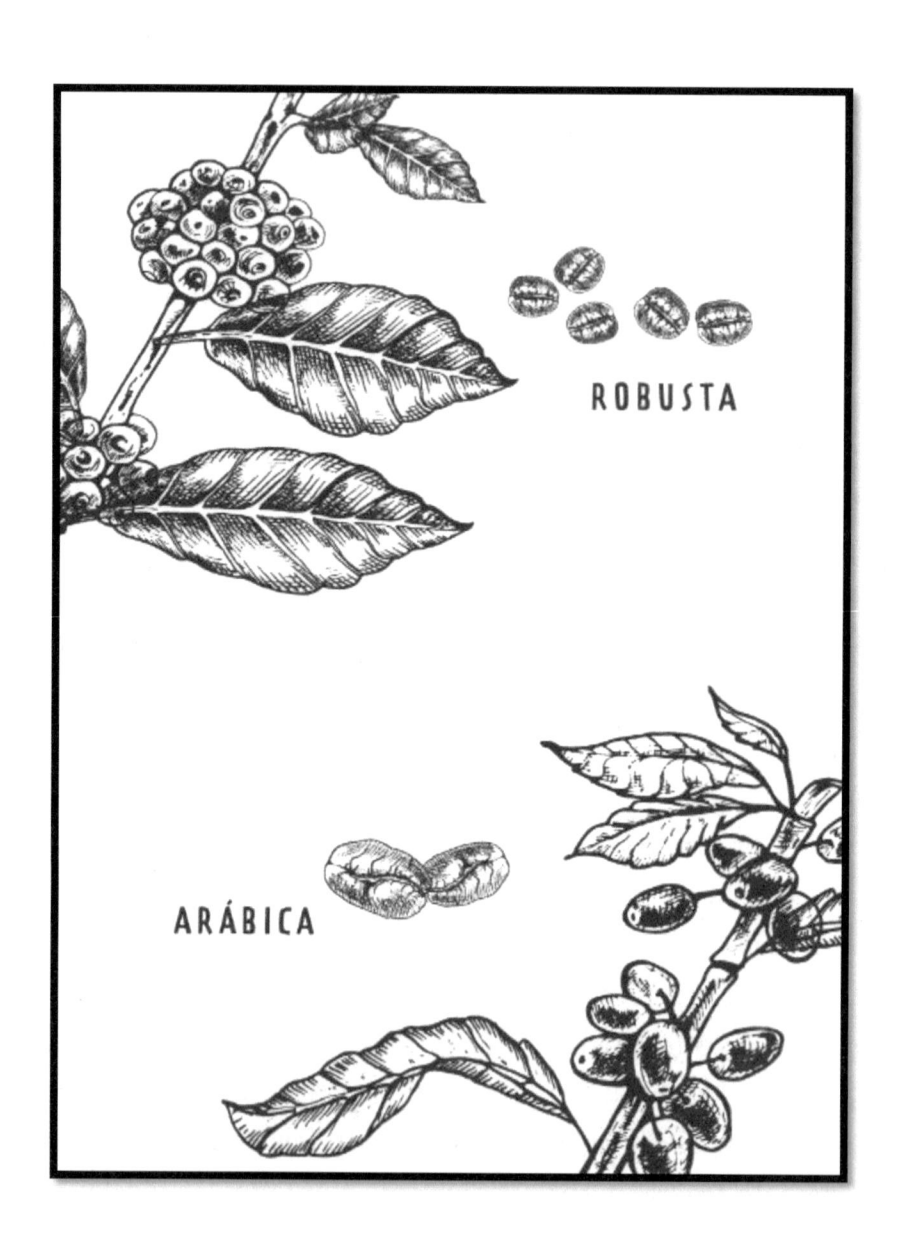

ARÁBICA

Así que mientras me entretenía con mis dos *hobbies*, dos ciclos vegetativos y productivos de *El Nord* y de *AnimaNera*, seguí con mi trabajo en Méndez & Co. como director de mercadeo.

Es en el 2019 cuando un invisible enemigo ataca simultáneamente a todos los viñedos de todo el mundo. Peor que la *philoxera vastatrix*, este enemigo actuó así repentinamente que obligó a todas las poblaciones de la tierra a encerrarse en sus hogares.

Estoy hablando dcl COVID.

La divulgación inmediata y masiva de imágenes de gente muriendo como en una película de ciencia ficción, puso en pánico a todos. Desde mi apartamento sigo las noticias por todos los medios de comunicación; ya se había declarado que era una pandemia y se cerraron de inmediato todos los sitios donde se podían reunir las personas, incluyendo los hoteles y los restaurantes. Nada de viaje, nada de salir, nada de nada.

Instintivamente pensé en las repercusiones en mi trabajo, específicamente en el grupo de vendedores (HARD, Hotel And Restaurant Division) que se reportaba a mi división y que daba servicio a todos sus clientes. Automáticamente me entró la preocupación de tener que hacer algo para mantener el *business* del vino vivo.

¡Una de las yemas latentes estaba lista para arrancar y salvar la planta!

LOS CICLOS BIOLÓGICOS
VI

Así que habían cerrado de repente todos los hoteles y todos los restaurantes. Yo pensaba que el negocio iba a colapsar y que en cualquier momento hubiera podido bajar desde las oficinas del VP o del presidente una orden de reducir personal y despedir empleados.

En el cultivo de la vid, existen países y regiones vitivinícolas particulares que no permiten el riego. Por ejemplo, hay unos cuantos en Italia, España, Francia y Portugal. El riego provoca un aumento de la actividad vegetativa y si se abusa de él, puede causar un retraso en la maduración de los granos de uva y obtener un producto de calidad inferior. A menos que sea un caso estrictamente necesario de vida o de muerte, el riego no se aplica.

Actualmente, a causa del calentamiento global y por el efecto del cambio climático, todos los países están reevaluando las disposiciones que permiten al agricultor intervenir en casos extremos y estrictamente necesarios. Hay que recordar que la planta no necesita de mucha agua. Lo necesario sería más o menos un pie durante todo el año, dividido de la siguiente manera: 2% durante el reposo invernal, 10% entre brotación y floración, 44% durante la floración y el envero y 44% entre el envero y la caída de las hojas.

Yo sentía que estaba en uno de esos casos extremos. Realmente no tenía que concentrarme en la yema latente, tenía literalmente que "regar mis plantas" y mantener vivo el negocio. Así que decidí reactivarme como docente. Quité el polvo de mis últimas charlas de algunos años antes y me aventuré a presentar videos en vivo a través de las redes sociales.

En las primeras experiencias con los videos me ponía nervioso, sobretodo porque siempre había sido un usuario de las computadoras, pero no un técnico...y para conectarse y dar estas clases tenía que descargar videos, integrar presentaciones en Power Point, conectar micrófono, cámara externa, poner mi cara en algún lado de la pantalla y poderla mover al momento para que se vieran las gráficas y otras imágenes y documentos que quería compartir. Y todo esto requería más destrezas de las que yo en aquel momento tenía.

Aun así, me lancé. Me puse a estudiar las diferentes aplicaciones y finalmente encontré una que satisfacía perfectamente mis necesidades y aprendí a utilizarla. Fue grande mi sorpresa. La necesidad de comunicación y entretenimiento de cientos de personas encerradas en sus casas hizo que las clases alcanzaran un éxito inesperado.

Al principio de la semana anunciaba mi próximo tema y los vinos que iba a degustar, y la gente respondía al llamado comprando los vinos y degustándolos conmigo *online*... ¡cada uno en su casa! Esto, además de añadir algunas gotas de agua a este viñedo que es Méndez & Co. y ayudar a mantenerlo vivo, provocó el interés de un canal televisivo: Wapa TV. Y más rápido de lo que pensé, empecé otro ciclo vegetativo que se llamó "Gotas de Vino".

Comencé participando todos los jueves con un segmento de cinco a seis minutos en el noticiero más importante de Puerto Rico: "Noticentro al Amanecer" en Wapa TV y transmitido en la costa este de Estados Unidos a través de Wapa América.

Me di cuenta de que cada ciclo que empezaba me hacía sentir más cerca de la felicidad. Me pregunté si yo, como vid, estaba en la fase de la floración o ya estaba en la fase de envero. Cierto era que había logrado amplificar aquellas sensaciones de placer que tuve cuando enseñaba a un puñado de estudiantes en la Universidad del Este. Ahora podía dirigirme a millones de personas, transmitirle mis conocimientos, educarlos en mi campo, hacerles sentir mi pasión, demostrar mi valentía, mi personalidad, mi carácter, mi exuberancia. En fin, todas aquellas características que tenía bajo la piel desde que vivía en Testaccio y que con los años y todas las experiencias vividas, habían evolucionado y se habían forjado y fundido con mi estilo de vida.

Con la humildad y la sencillez o la practicidad que me habían caracterizado durante toda mi vida, llevé el mensaje a través de las cámaras. Entonces me di cuenta de cuán lejos habían llegado mis pámpanos o, mejor dicho, mis sarmientos (listos para producir) y cuánto más podían producir.

Pero entendí que no se trataba de difundir un verbo o una doctrina, y mucho menos se trataba de vender vino. En el fondo había otra cosa… algo más profundo que me impulsaba a seguir hacia adelante, a querer ser como un guía dentro este mítico mundo. Un mundo para todos aquellos que no tuvieron la oportunidad de verlo, vivirlo, crecer en él o adquirirlo, y que prácticamente le tenían miedo o respeto por verlo algo complicado y a veces hasta raro y caro.

Si queremos mirarlo bajo una perspectiva más poética, era como querer ser Caronte en la *Divina Comedia* de Dante Alighieri. Aquel mismo personaje que transportaba las ánimas al otro lado del río Aqueronte que rodeaba el vestíbulo del infierno. Sentía que podía ser el guía de todos aquellos que querían entrar en el mundo del vino, sin pasar por gastos excesivos o vergüenzas por no saber qué vino pedir en cualquier restaurante con o sin estrellas Michelin, pero que tuviese una simple carta de vinos.

Una combinación entre el *social media* y mi segmento me tenía atado a un público creciente y sediento de informaciones y noticias sobre el mundo del vino y de la gastronomía. Por más de tres años continué con mis "Gotas de Vino"; literalmente peiné todo el globo para hablar en los brevísimos cinco minutos de todos los países productores de vino. Presenté varios segmentos sobre regiones, países, las pronunciaciones de los nombres de lugares, nombres de vinos, de uvas. Hablé sobre cómo se almacenan los vinos, cómo se abren, cómo se decantan, cómo se beben. Hablé de las copas, de los corchos y de los sacacorchos; de las reglas básicas del maridaje, de lo que hay que hacer y lo que no se debe hacer cuando tomamos un vino.

Llegué a abrir una botella de *Sauternes* de Chateau d'Yquem en vivo, al aire… ¡fue una locura! Creo que nadie se atrevió nunca en la historia de la televisión a abrir, en un noticiero, una botella de vino de más de mil dólares y compartirla con todos en el estudio. Fue mi regalo de cumpleaños, pero quise compartirlo con todos los compañeros y compañeras del canal, que me habían aceptado con tanto cariño y amor. Quería de alguna forma compartir el éxito, quería llegar a contagiar con mi felicidad a todo el mundo, como cuando las raíces alimentan todos los racimos.

Nuevamente estaba viviendo en mi vida, la vida de la vid. Tenía pámpanos formándose y sarmientos produciendo. Las raíces siempre más profundas y sólidas, capaces de alimentar a todos los racimos que viniesen. Cada sarmiento da vida a unos frutos, pero cuando la planta tiene una fecundación abundante, se forman muchos racimos de uvas y todos empiezan sus fases de envero para aumentar sus volúmenes y llegar a la maduración con la más alta concentración de sustancias nutritivas, azúcares, sales minerales. El riesgo está en que cuando son demasiados, la calidad final de la uva no es de las mejores, y la consecuencia es que cuando se produce el vino, esta mediocridad, por llamarla de algún modo, pasa al producto final, haciendo inútiles todos los esfuerzos que se pusieron durante todo el ciclo vegetativo y que llevaron la planta hasta allí.

Este es el momento preciso en que el agricultor decide reducir la producción y aplica a la planta lo que se llama la poda verde.

La poda verde tiene el objetivo de reducir el follaje para que los racimos estén más expuestos al sol y que maduren bien todos los granos de uva. De esta manera estarán más ventilados, evitando así incómodas y dañinas apariciones de hongos causados por la humedad y las brumas mañaneras. También tiene como fin principal reducir la producción de la planta. El agricultor es el que decide cuántos racimos dejará a cada vid. Así que a la planta no le queda más que concentrarse en aquellos pocos que quedarán después de la poda y llevarlos a perfecta maduración con la mejor concentración de todo.

Así que siendo yo ya planta, y también agricultor, me autoimpuse una poda verde y decidí dejar unas cuantas ideas y proyectos en una gaveta para poder concentrarme mejor en unas pocas. Dejé el programa radial "Basa por Mero" que estaba haciendo desde hacía más de dos años. Era un programa de una hora que en su comienzo se transmitió desde WKAQ 580AM (la emisora radial número uno en Puerto Rico), y sucesivamente se transmitió desde 11Q.

El programa consistía en tener siempre uno o dos invitados, que fuesen *chefs* o *sommeliers*, y una parte consistía en entrevistarlos sobre algún argumento de enogastronomía.

Otra parte del programa era dedicado a explicar las prácticas que se hacen en algunos restaurantes donde engañosamente sirven unas cosas por otras. De allí el nombre "Basa por Mero" que es como decir "gato por liebre".

Se alternaron en el programa el *sommelier* argentino Eduardo Dumont (mi mano derecha en Méndez) y el máster *sommelier*, amigo y socio Emmanuel Kemiji. Siempre uno que otro chef purista polemizaba sobre las prácticas poco éticas de ciertos restaurantes (más grandes o cadena de restaurantes), que servían, por ejemplo, tentáculos de calamares gigantes y declaraban en el menú que era pulpo; tacos de mero, cuando eran tacos de basa; *mozzarella di búfala*, cuando era *mozzarella cheese*; aceite extra virgen, cuando era *pomace oil*; un corte de carne cuando era otro más barato…y así sucesivamente. El programa había empezado a tener sus seguidores, pero "Gotas de Vino" era un proyecto más importante y contundente.

Lo mismo pasó con la actividad que me ayudaba a mantener viva el alma de arquitecto y que había seguido manteniéndola desde siempre. Esta consistía en adquirir apartamentos destruidos y remodelarlos para alquilarlos y/o revenderlos. Este también fue otro ramillete que corté. Necesitaba espacio y tiempo para mis nuevos proyectos, para mis nuevos racimos. Sentía que estos iban a desarrollarse en mejores frutos.

Otro ciclo se fue cumpliendo, esta vez fue un ciclo más amplio que llegó a muchas más personas. Me transformé en un educador y a la misma vez en un embajador de un producto que hizo y marcó la historia mundial. Tomé como base o inspiración la historia a través de los siglos de las obras de arte, del teatro, del cine… el vino. El vino…siempre presente, siempre vivo, siempre así contemporáneo con todas las fases evolutivas del ser humano, de todas las edades, todas las clases sociales, todas las razas, príncipes, reinas, pobres, campesinos e industriales, poetas, pintores, cantantes, políticos ... buenos y malos. Todos, absolutamente todos, han tenido en algún momento una copa de vino en sus manos... y esta omnipresencia me estimulaba a seguir en la que parecía ser mi misión.

Realmente el mundo del vino es fascinante, pero lo son aún más los sitios donde se plantan y crecen las vides. Pasear por los viñedos de Napa y de Sonoma es maravilloso. Parece como entrar a *Disney*, pero caminar por los viñedos del Viejo Mundo es otra cosa. Es literalmente un sueño. Es como entrar en las páginas de una fábula medieval, revivir la historia y respirar las tradiciones, pisar las mismas tierras que pisaron los nobles de unos cuantos siglos atrás. Ver las áreas del *Chianti* en Toscana, perderse entre las torres de *San Gimignano*, pasar por las colinas de *Piemonte*, recurrir el Douro y llegar desde España a Portugal, pasando por Ribera del Duero y por Toro. Visitar los *Chateaux de Bordeaux*, o pasar al frente a los Castillos de la Loira ¡Cuántas maravillas que ver!

Y mientras manejo mis productivos ciclos vegetativos, se me acerca nuevamente el tren de las oportunidades. Esta vez no era exactamente un tren, se trataba de un ferry, y para ser más preciso, se trataba de un crucero.

Un acercamiento de *AmaWaterways* transforma un sueño en realidad. Una de las compañías más importantes del mundo, especializada en cruceros por los ríos de Europa, necesitaba un *wine host* de habla hispana para sus cruceros. Ya saben cómo salió a vibrar otra vez aquel incansable espíritu testaccino. Unas pocas semanas después me llega la comunicación que ya mi camarote estaba reservado en el *AmaSiena*, un barco de más de cuatrocientos pies de largo, y me estaba esperando en Basel (Suiza).

Nunca he sido amante de los grandes cruceros, aquellos que comúnmente se hacen por el Caribe. Esto de tener cinco mil personas a mi alrededor, todas atrapadas en un mismo lugar, me asusta y sobre todo no me relaja. Cosa que creo debería ser una de las características principales de un crucero; sin embargo, aquí se trataba de otra cosa.

AmaWaterways era un barco de tres niveles con un número de camarotes muy limitado (alrededor de ochenta). Un crucero de lujo, cuya cocina es endosada por la *Chaîne des Rôtisseurs*. ¡Realmente un lujo! La *Chaîne des Rôtisseurs* es una asociación internacional de gastronomía presente en más de ochenta países que reúne a entusiastas que comparten los mismos valores en torno a la calidad, la buena gastronomía, el apoyo a las artes culinarias y los placeres de la buena mesa. Ser miembro de esta sociedad es solo por invitación y yo personalmente tuve el placer en mis primeros años de *Il Grottino* de ser parte del capítulo de la *Chaîne des Rôtisseurs* de San Juan. Estuve activo unos años y llegué a cubrir el rol de *Vice-Echanson* (que es la persona encargada de organizar las cenas, las degustaciones y la selección de los vinos según el menú y la actividad).

Así que este pequeño detalle le daba a este viaje una garantía de que el servicio, la comida y la selección de vinos iban a ser espectaculares... ¡y yo con esto me sentía muy cómodo!

Me esperaban unos mil kilómetros de navegación, pasar por doce esclusas para bajar a nivel del Mar del Norte. Eran ocho días en este barco de lujo y ver desfilar frente a mis ojos un sinnúmero de castillos y paisajes medievales. Realmente me sentí muy afortunado. Yo, el *testaccino* hijo de herrero, inmerso en este sueño ... sentía que otro ciclo vegetativo estaba empezando. Sabía que, como siempre, tenía que dar el cien por ciento y lucirme, porque esta representaba una gran oportunidad para mi carrera de *sommelier* y experto en gastronomía.

Lo que tenía que hacer eran realmente dos o tres intervenciones, pero tenían que ser perfectas, amenas y simpáticas.

Recién acabado de montarme en el *AmaSiena* preparo mi segmento en vivo de "Gotas de Vino", con Noticentro por Wapa (Canal 4) y con una toma fabulosa empiezo a hablar de los vinos de Alsacia. Ya había experimentado un *live* desde afuera del estudio y precisamente lo había transmitido en un viaje que pude realizar a Roma, visitando a mis padres durante la pandemia, ... ¡y lo transmití desde la Fontana di Trevi!

Pero esto era diferente. Estaba navegando por uno de los ríos más importantes de Europa ... estaba en el Rin. Al día siguiente, en la primera parada a Breisach, nos bajamos del barco y con un bus panorámico recorrimos por unos 40 minutos una carretera que se metía entre los viñedos hasta llegar a Bergheim, una fantástica y pequeña ciudad medieval de apenas 2000 habitantes. Allí había organizado una visita a una bodega familiar que lleva siete generaciones produciendo entre los mejores vinos de Alsacia: Gustave Lorentz.

La visita empezó pasando por el área de los tanques de fermentación, después entramos en una sala donde duermen gigantescos barriles (*foudre* de 500 hasta 2000 lt) y otra sala más pequeña donde están las barricas (225 lt). Terminamos en una sala de degustación con una mesa imperial, donde estaban, además de las delicias gastronómicas típicas del lugar, una fila de botellas listas para ser descorchadas. Fue una degustación magistral.

Junto a Georges Lorentz, presidente de *Gustave Lorentz*.

Viñedo de *Gustave Lorentz*

Degustación de los vinos de *Gustave Lorentz*

Visita Gustave Lorentz

Durante los siguientes días, como siempre, permeaba "el argumento vino se torna aceite entre las personas". Y una tarde todos terminamos en el *deck* principal donde, acompañados por una romántica puesta del sol, tuvimos una degustación y una sesión de preguntas y respuestas, que ayudó a que se entendieran mejor los difíciles vinos alsacianos.

Como he explicado, las uvas de clima frío no producen muchos azúcares. Al contrario, se caracterizan por tener un alto nivel de acidez y un componente aromático pronunciado y particular. Mi tarea era la de preparar las expectativas del grupo para que pudieran entender mejor los vinos y apreciar sus cualidades, sin caer en la simple afirmación de "me gusta" o "no me gusta".

Y mientras el barco seguía su rumbo, el silencio del río confería un aura mística a todo el viaje. Pasar al frente de los castillos medievales que antiguamente controlaban el paso del río (equivalentes a lo que hoy en día son los peajes de una autopista), era hipnotizante. Y más aún cuando la voz encantadora de Debbie, la gerente del crucero, ofrecía la explicación histórica del castillo. Aunque se trataban de otras áreas geográficas, me venían a la mente las escenas de *Game of Thrones*.

Una visita al castillo medieval de *Lahneck* (en Lahnstein, en la ribera oriental del Rin, en Alemania) complementa estas imágenes y todos aquellos cuentos se

tornan tangibles, todos los detalles no eran construidos....
¡eran conservados!

Con una cena en el restaurante *Chef's Table*, magistralmente conducida por el *Chef Hamka Londro* y el *Maitre D' Cosmin Giurgiu*, termino mis intervenciones, hablando un poco de unos vinos interesantísimos de Austria. El blanco era un *Grüner Veltliner* y el tinto era un *Zweigelt*, una uva desarrollada en el 1922 en el Instituto Federal por la Agricultura por el profesor *Fritz Zweigelt*, obtenida por el cruce de la uva *St. Laurent* y la *Blaufränkisch* (conocida en Italia como *Franconia*).

Las paradas y las visitas a Estrasburgo, Colonia y Ámsterdam completaron la extraordinaria y lujosa experiencia. Son ciudades que había visitado cuando era estudiante de arquitectura, transportándome en tren con mochila y durmiendo en dormitorios públicos para jóvenes estudiantes. Estos espacios me ofrecen recuerdos que vuelven a mí treinta y cinco años después y con toda otra perspectiva.

Un despido rápido de todo el *crew* que ya era amigo, y un Boeing 777 me regresa de vuelta a Puerto Rico. En mi mente quedó la invitación para el próximo año en el viaje que se hará navegando el Ródano, con la tentadora oferta de ver las bellezas de Provenza y degustar sus vinos y los vinos del valle del Ródano.

Había logrado el propósito; ya el ciclo vegetativo de los cruceros y los viajes había empezado.

PAÍSES BAJOS
ÁMSTERDAM
COLONIA
ALEMANIA
KOBLENZ
SPEYER
HEIDELBERG
FRANCIA
ESTRASBURGO
Alsacia
Black Forest
BREISACH
RÍO
RENO
BASEL
SUIZA

Navegando el Rhin

Inspirado por el viaje de *AmaWaterways*, cumplo una promesa que hice en uno de mis *lives* a mis *followers* cuando estábamos en pandemia: organizo un viaje con La Bodega de Méndez.

En estos últimos años se ha desarrollado, especialmente aquí en Puerto Rico, una manera para lograr hacer más negocio con los restaurantes locales, donde todos los distribuidores de vinos y licores ofrecen a los dueños de ciertos restaurantes y a los compradores de Food and Beverage de ciertos hoteles, viajes para visitar a los productores que cada uno representa. De esta manera se crea un sentido de reciprocidad y agradecimiento de los invitados que terminan comprando y vendiendo los productos en sus establecimientos. Esta práctica se ha difundido tanto que prácticamente estas personas se pasan viajando, y por este mismo sentido de reciprocidad cambian los productos que venden cada seis meses o un año, rindiendo casi inútil la inversión del viaje del distribuidor. La realidad es que el efecto de promoción que tiene el visitar a los productores de vinos, probar y palpar las diferentes realidades es muy eficaz. Así que pensando *out of the box*, propuse algo totalmente diferente y planifiqué unos viajes exclusivos para los consumidores finales de la cadena comercial: importador, distribuidor, cliente comercial, cliente final (consumidor). De esta manera puedo lograr crear unos embajadores permanentes de los sitios y de las marcas que se visitan.

Tomó vida así una serie de viajes bajo el nombre de *La Bodega Sin Frontera* y el primer viaje se llamó *Sabores de Italia con Sandro Giulimondi*.

El concepto se centra en unos viajes enogastronómicos, cuyo objetivo es dar a conocer, por supuesto, las marcas que se trabajan en Méndez, en el contexto de las realidades gastronómicas locales.

El primer viaje fue al centro y norte de Italia. Un viaje fabuloso coordinado por la agencia Modern Travel, una de las mejores agencias de viaje de Puerto Rico.

Llegamos a Roma y después de las visitas obligadas, llevé al grupo a Testaccio, a mi barrio. En un almuerzo en una trattoria típica romana (Da Oio a Testaccio) se dio un momento muy emotivo. Toda la belleza del corazón puertorriqueño se hizo sentir en un aplauso vigoroso cuando presenté a todos los viajeros a mis papás Giulio y Germana, que aparecieron allí fugazmente para saludarme y darme un abrazo. Sentí como que las dos vidas que había vivido hasta aquel momento se unieron allí mismo.

La unión de los dos mundos

De Roma nos dirigimos a Siena y a Florencia. También visitamos Montalcino y probamos los fantásticos vinos de *Guicciardini*, *Panizzi* y *Castello Romitorio*. Subimos hasta Verona para degustar el famoso *Amarone de Santa Sofia* y para pasear por aquellas calles que construyeron los romanos cuando edificaron *la Arena di Verona* (como un pequeño coliseo) y donde unos siglos más tarde paseaban Romeo y Giulietta … y llegamos a Venecia.

Muy pocos saben que cerca de este museo flotante, como a cuarenta y cinco minutos, está la prestigiosa área del *Prosecco*. Y yo, que fui el primero en llevar el *Prosecco* a Puerto Rico (logro que me llena de orgullo porque hoy en día es un *business* de más de cien mil cajas al año) no podía dejar de llevar al grupo a visitar Carpenè Malvolti y Val d'Oca, dos importantes realidades y marcas comerciales de la zona. Mientras estábamos anonadados por una vista paradisiaca de las colinas de Valdobbiadene, que ostentan el título de patrimonio de la humanidad por paisajismo de la UNESCO, conocimos a un grupo de frailes que cultivaban parte de las uvas *glera* que se utilizan para confeccionar el *Prosecco* que llega a la isla del encanto.

Fue un viaje memorable y las cincuenta personas que viajaron conmigo se transformaron en embajadores de los vinos y fanáticos de la comida que probaron. Todos ellos al día de hoy se siguen reuniendo en La Bodega de Méndez para recordar, planificar y estar pendientes del próximo viaje…otra vez el vino a través de mí era el aceite lubricante entre la gente.

PRIMERA VENDIMIA

En un momento de pausa y de reflexión, miro hacia atrás y veo cómo la vid que estaba en mí había evolucionado y crecido. Me pregunto si existe una razón en todo esto. Me pregunto si cada uno de nosotros tiene ya una misión asignada y le llega sola, o si hay que salir y moverse para buscarla y encontrarla.

Me pregunto si al final existe realmente un premio, y me contesto que sí. El premio se obtiene al final de cada ciclo y llegará otro más grande al final de todo. Mientras tanto, hay que vivir bien, respetando al prójimo, demostrando los más altos valores éticos, mantener el enfoque, cumplir con la palabra, ser honesto y meterle pasión a cualquier tarea, cualquiera que sea. No importa si fue dando mantenimiento en aquel edificio en Roma, o trabajando como extra en el *Teatro dell'Opera* de Roma, o vender los periódicos en la esquina de Testaccio, o pintando las rejas con papá en su taller de la Garbatella, o vender vinos en *Il Grottino*, o dar charlas a los estudiantes de la UNE, o vender lencería de *La Perla*, o trabajar en una compañía y aprender y crecer, o hablar en radio y televisión. Todo, absolutamente todo, hay que hacerlo con pasión, con ganas de superarse y de demostrar que somos los mejores…porque cada uno de nosotros tiene adentro la mejor versión de uno mismo…solo hay que demostrarlo.

"Nunca permitas que sea el entorno el que determine quién tú eres".

Tú y yo somos aquellas vides que no se dieron por vencidas. Somos aquellas plantas que han sufrido sequías y enfermedades, tenemos callos y nudos donde nos hirieron. Hemos sido víctimas de parásitos y hemos pasado por granizos de palabras duras como puños y sequías de humillaciones. Hemos llegado aquí como aquel tallo de De Clieux, poniendo raíces y creciendo a desmesura. Solo el agricultor que vio todo esto puede estar satisfecho del trabajo que hizo, puede estar orgulloso de su planta. No obstante las adversidades, esa planta ha seguido creciendo aún después del trasplante a Puerto Rico. Para llegar aquí, para ser feliz en tierra borincana, ahora su tierra y crear finalmente sus mejores frutos.

Su destino era llegar aquí para producir su mejor racimo de uva, algo que tuviese toda su esencia ¡su hija! Poderle enseñar a cómo hacer crecer sus pámpanos y guiar sus sarmientos para que ella un día pueda llegar tan lejos como y donde quisiera llegar, para que sus raíces aprendan a sacar lo mejor de donde no hay.

¿Y ahora? Ahora a disfrutar del néctar que saldrá de esta maravillosa planta que es la VID(A).

¡Salud!

"...y entonces la vid se agarra de la tierra, y mientras más la tierra es pobre, árida e inhóspita, más la planta se empeña en crecer. Allí donde no crece nada, ni la yerba mala, se va formando la planta que dará los mejores frutos".

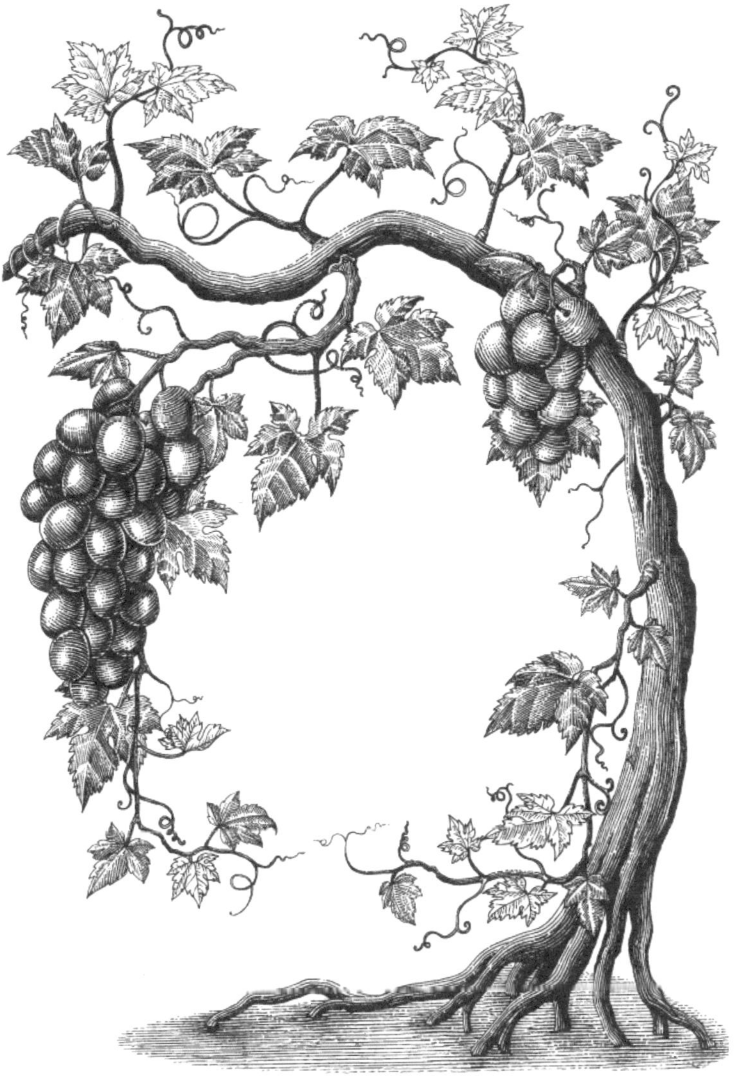

Made in the USA
Columbia, SC
04 November 2024